DIREITO CIVIL – 5
DIREITO DAS SUCESSÕES

Sílvio Luís Ferreira da Rocha

DIREITO CIVIL – 5
DIREITO DAS SUCESSÕES

MALHEIROS
EDITORES

DIREITO CIVIL – 5
DIREITO DAS SUCESSÕES

© SÍLVIO LUÍS FERREIRA DA ROCHA

ISBN: 978-85-392-0106-8

Direitos reservados desta edição por
MALHEIROS EDITORES LTDA.
Rua Paes de Araújo, 29, conjunto 171
CEP 04531-940 – São Paulo – SP
Tel.: (11) 3078-7205 – Fax: (11) 3168-5495
URL: www.malheiroseditores.com.br
e-mail: malheiroseditores@terra.com.br

Composição
Acqua Estúdio Gráfico Ltda.

Capa
Criação: Vânia Lúcia Amato
Arte: PC Editorial Ltda.

Impresso no Brasil
Printed in Brazil
02.2012

*A Eliane, meu amor,
e ao Carlos Eduardo (Cadu).*

*Aos meus alunos e ex-alunos
da Pontifícia Universidade Católica de São Paulo.*

SUMÁRIO

Capítulo 1 – **DA SUCESSÃO**

1.1 *Conceito de sucessão* 15
1.2 *Fundamento da sucessão* 16
1.3 *Espécies de sucessão* 17
1.4 *Espécies de herdeiros* 18
1.5 *Fenômeno sucessório: abertura da sucessão, delação e aceitação* 19
    1.5.1 Abertura da sucessão 19
        1.5.1.1 Comoriência 20
    1.5.2 Delação 21
        1.5.2.1 Efeitos da "saisine" 22
    1.5.3 Do direito de deliberar: da aceitação e da renúncia da herança 22
        1.5.3.1 Aceitação da herança 23
        1.5.3.2 Aceitação a benefício de inventário 25
        1.5.3.3 Da renúncia da herança 26
            1.5.3.3.1 Restrições à liberdade de renunciar 27
    1.5.4 Cessão da herança 28
    1.5.5 Lugar da abertura da sucessão 29
    1.5.6 Lei que regula a sucessão 30
        1.5.6.1 Lei que regula a sucessão do estrangeiro ... 30
    1.5.7 Da herança e de sua administração 30

CAPÍTULO 2 – **CAPACIDADE SUCESSÓRIA**
2.1 *Considerações gerais* 32
2.2 *Da indignidade* 35
    2.2.1 *Causas da indignidade* 36
    2.2.2 *Efeitos da indignidade* 38
    2.2.3 *Procedimentos para a obtenção da exclusão* 40
    2.2.4 *Reabilitação do indigno* 41
2.3 *Deserdação*
    2.3.1 *Conceito* 41
    2.3.2 *Pressupostos* 42
    2.3.3 *Causas da deserdação* 43
    2.3.4 *Efetivação da deserdação* 44
    2.3.5 *Efeitos da deserdação* 45
    2.3.6 *Substituição do deserdado na herança* 45
    2.3.7 *Destino dos bens que caberiam ao deserdado* 46
    2.3.8 *Deserdação punitiva ou penal* 46
    2.3.9 *Deserdação bem intencionada* 47
    2.3.10 *Retratação da deserdação* 47
    2.3.11 *Diferenças entre a deserdação e a indignidade* 47

CAPÍTULO 3 – **DA HERANÇA JACENTE E DA SUCESSÃO DE AUSENTES**
3.1 *Conceito* 49
3.2 *Pressupostos* 49
3.3 *Finalidade* 50
3.4 *Natureza jurídica da herança jacente* 50
3.5 *Arrecadação da herança* 51
3.6 *Declaração de vacância* 51
3.7 *Sucessão de ausentes* 53

CAPÍTULO 4 – **PETIÇÃO DE HERANÇA**
4.1 *Conceito* 55

SUMÁRIO

4.2 Sujeito ativo 56
    4.2.1 Titular de uma vocação eventual 56
4.3 Sujeito passivo 57
4.4 Natureza jurídica 57
4.5 Prescrição 58
4.6 Herdeiro aparente 58
    4.6.1 Espécies de herdeiro aparente 59
    4.6.2 Herdeiro aparente e terceiro 59

CAPÍTULO 5 – **SUCESSÃO LEGÍTIMA** 61
5.1 Conceito 61
    5.1.1 Hipóteses de ocorrência 62
    5.1.2 Ordem de vocação hereditária 62
        5.1.2.1 Regras que disciplinam essa ordem 64
    5.1.3 Espécies de vocação 66
    5.1.4 Modos de partilhar a herança 66
        5.1.4.1 Nexo entre o modo de suceder e o modo de partilhar a herança 67
5.2. Herdeiro legítimo
    5.2.1 Conceito 67
    5.2.2 Classificação dos herdeiros legítimos 68
    5.2.3 Consequências da existência de herdeiros necessários .. 68
    5.2.4 Restrições sobre a legítima 69
5.3 Direito de representação 69
    5.3.1 Pressupostos do direito de representação 70
    5.3.2 Efeitos 70

CAPÍTULO 6 – **SUCESSÃO DO CÔNJUGE, CONVIVENTE, PARENTES E DO ESTADO**
6.1 Sucessão do cônjuge 71
    6 1.1 Extensão do direito sucessório do cônjuge 71

6.1.2 Herdeiro necessário 72
6.1.3 Pressupostos da sucessão do cônjuge
    6.1.3.1 Pressupostos comuns 72
    6.1.3.2 Pressupostos específicos 73
6.1.4 Sucessão por concorrência
    6.1.4.1 Regras de concurso com descendentes 73
    6.1.4.2 Regras de concurso com ascendentes 79
6.1.5 Sucessão com exclusividade 79
6.1.6 Sucessão no direito real de habitação 79
6.2 Sucessão do convivente
    6.2.1 Considerações gerais 81
    6.2.2 Sucessão do convivente no Código Civil 82
6.3 Sucessão dos parentes 83
    6.3.1 Sucessão em linha reta 84
    6.3.2 Sucessão dos descendentes 84
    6.3.3 Critérios de atribuição da herança 84
    6.3.4 Sucessão dos ascendentes 85
    6.3.5 Sucessão dos parentes colaterais 86
6.4 Sucessão do Poder Público 88

CAPÍTULO 7 – **SUCESSÃO TESTAMENTÁRIA. TESTAMENTO**
7.1 Conceito 90
7.2 Características 90
7.3 Conteúdo 90
7.4 Capacidade para testar 91
7.5 Formas de testamento 91
    7.5.1 Testamento público 92
        7.5.1.1 Formalidades essenciais 93
    7.5.2 Testamento cerrado 95
        7.5.2.1 Facção do testamento 96
        7.5.2.2 Aprovação do testamento 97

7.5.2.3 Fechamento 98
7.5.2.4 Entrega 98
7.5.3 Testamento particular 99
7.6 Do codicilo 100
7.7 Testamentos especiais 101

CAPÍTULO 8 – DISPOSIÇÕES TESTAMENTÁRIAS
8.1 Considerações gerais 103
8.2 Espécies de disposições 103
   8.2.1 Disposição pura 104
   8.2.2 Disposição condicional 104
   8.2.3 Disposição modal 105
   8.2.4 Disposições causais 105
   8.2.5 Disposições a termo 105
   8.2.6 Disposições restritivas 106
8.3 Pressupostos de validade das cláusulas testamentárias 109
8.4 Extensão da invalidade 111
8.5 Interpretação das disposições testamentárias 111

CAPÍTULO 9 – LEGADO
9.1 Conceito 113
9.2 Sujeitos 116
9.3 Objeto dos legados 117
9.4 Validade 119
9.5 Efeitos 119
9.6 Responsável pelo pagamento dos legados 120
9.7 Caducidade do legado 120

CAPÍTULO 10 – REVOGAÇÃO, ROMPIMENTO E
              CADUCIDADE DO TESTAMENTO 122
10.1 Revogação
   10.1.1 Conceito 122
   10.1.2 Formas de revogação 123

12 DIREITO CIVIL – 5 – DIREITO DAS SUCESSÕES

10.2 Rompimento do testamento
   10.2.1 Conceito 124
   10.2.2 Causas de rompimento do testamento 124
   10.2.3 Exclusão da caducidade 125
10.3 Caducidade do testamento 125

CAPÍTULO 11 – DO TESTAMENTEIRO
11.1. Conceito 127
11.2 Natureza jurídica 128
11.3 Nomeação do testamenteiro 128
   11.3.1 Aceitação do testamenteiro nomeado 130
11.4 Espécies de testamenteiro 130
11.5 Deveres e ônus do testamenteiro 131
11.6 Direitos do testamenteiro 132
11.7 Destituição do testamenteiro 133
11.8 Cessação da testamentaria 133

CAPÍTULO 12 – INVENTÁRIO E PARTILHA
12.1 Inventário 134
12.2 Espécies de inventário 135
12.3 Fases do inventário 139
12.4 A partilha
   12.4.1 Conceito 143
   12.4.2 Espécies de partilha 144
   12.4.3 Da nulidade, anulabilidade e rescisão da partilha 147
12.5 Medidas para garantir a igualdade na partilha
   12.5.1 Colação 148
      12.5.1.1 Obrigados a colacionar 149
      12.5.1.2 Momento da colação 150
      12.5.1.3 Valor da colação 150
      12.5.1.4 Bens excluídos da colação 150

12.5.2 Sonegados 151
    12.5.2.1 Efeitos 153
12.6 Da adjudicação dos bens inventariados 154
12.7 Sobrepartilha 154
12.8 Erro de fato e inexatidões materiais 154
12.9 Ações referentes à herança 154
    12.9.1 Ações contra o espólio 155

Bibliografia 157

Capítulo 1
DA SUCESSÃO

1.1 Conceito de sucessão. 1.2 Fundamento da sucessão. 1.3 Espécies de sucessão. 1.4 Espécies de herdeiros. 1.5 Fenômeno sucessório: abertura da sucessão, delação e aceitação: 1.5.1 Abertura da sucessão: 1.5.1.1 Comoriência – 1.5.2 Delação: 1.5.2.1 Efeitos da "saisine" – 1.5.3 Do direito de deliberar: da aceitação e da renúncia da herança: 1.5.3.1 Aceitação da herança – 1.5.3.2 Aceitação a benefício de inventário – 1.5.3.3 Da renúncia da herança: 1.5.3.3.1 Restrições à liberdade de renunciar –1.5.4 Cessão da herança – 1.5.5 Lugar da abertura da sucessão – 1.5.6 Lei que regula a sucessão: 1.5.6.1 Lei que regula a sucessão do estrangeiro; 1.5.7 Da herança e de sua administração.

1.1 Conceito de sucessão

Um dos possíveis significados do verbo suceder é o de substituir alguém, vir em seguida. É no sentido de substituir alguém numa relação jurídica que empregamos o substantivo *sucessão* no Direito.

A sucessão ou a substituição dos titulares de direitos e deveres numa dada relação jurídica pode ocorrer por diversas razões: ou por ato de vontade das partes, mediante um negócio jurídico, como numa compra e venda, ou por fato jurídico, como a morte. Em resumo, a sucessão pode decorrer de ato entre vivos ou em razão de morte.

O direito das sucessões preocupa-se com a sucessão em decorrência da morte de uma pessoa.[1] A morte extingue a personalidade da pes-

---
1. De acordo com Caio Mário da Silva Pereira, *Instituições de Direito Civil*, vol. VI: *Direito das Sucessões*, Rio de Janeiro, Forense, p. 14, no centro dos princípios que compõem o Direito das Sucessões está a ideia de morte.

soa, mas o seu patrimônio, designado herança,² transmite-se a outras pessoas denominadas herdeiros. Ao direito sucessório cabe disciplinar as consequências da morte de uma pessoa natural no âmbito do Direito privado. A palavra *sucessão* designa neste caso a transferência total ou parcial do patrimônio (da herança), por morte de alguém a um ou mais sucessores. Segundo Arthur Vasco Itabaina de Oliveira, "neste sentido próprio e técnico, a sucessão é a transmissão do patrimônio de alguém, que morre, a uma ou a mais pessoas vivas".³

1.2 Fundamento da sucessão

A sucessão, para alguns, decorre do direito de propriedade, soberano, que permite ao titular dispor do bem ao seu arbítrio, e perpétuo, que o permite reger o destino do bem mesmo depois da sua morte. É a tese denominada *individualista* que privilegia a sucessão testamentária, considerada ideal, e lhe atribui primazia sobre a sucessão intestada, porque nela (na sucessão testamentária) se revela a vontade do titular dos bens.⁴

Para outros, entre eles, Walter Moraes, a sucessão é uma *necessidade social* a fim de afastar as crises de segurança, em pequena e em grande proporção, que a desintegração irresponsável de cada patrimônio tende a acarretar a uma comunidade. Evita-se, com a suces-

---

2. De acordo com José Carlos Moreira Alves, *Direito Romano*, vol. II, 6ª ed., Rio de Janeiro, Forense, 1997, p. 416, a palavra herança (*hereditas*), além de designar o fato simplesmente da sucessão universal *mortis causa*, pode ser empregada em dois sentidos: (a) no sentido objetivo, designando o patrimônio de uma pessoa que faleceu ou (b) no sentido subjetivo, significando o direito subjetivo de que alguém (*heres* – o herdeiro) é titular com relação a esse patrimônio (*ius successionis* – direito de sucessão).
3. *Tratado de Direito das Sucessões*, vol. I, 4ª ed., São Paulo, Max Limonad, 1952, p. 53.
4. Henri Mazeaud e outros, *Lecciones de Derecho Civil, La Transmisión del Patrimonio Familiar*, 4ª parte, vol. II, Buenos Aires, EJEA, p. 8. Esta é, também, a opinião de Caio Mário da Silva Pereira, *Instituições de Direito Civil*, vol. VI, cit., para quem, enquanto perdurar a organização do Estado capitalista fundado no princípio da livre iniciativa e admitindo a apropriação privada dos bens de consumo e de produção, a herança subsistirá como consequência natural e necessária. "Neste regime econômico, a herança é consectário lógico do conceito de propriedade privada".

são, credores frustrados, devedores absolvidos e bens devolvidos ao abandono de outro.[5]

Para os Mazeaud, a sucessão tem por fundamento a família. Para eles, a defesa da família implica na necessidade de manter seus bens, assegurar-lhe a perpetuidade de um patrimônio do qual se beneficiarão as gerações futuras. A sucessão cumpre uma função familiar e social e por isso não deve ser entregue à vontade do homem, mas assegurada aos parentes próximos, mesmo contra a vontade do *de cujus* (*de cuius* é abreviatura da frase *is de cuius hereditate agitur*, aquele de cuja sucessão se trata e designa o falecido). Por isso, a sucessão intestada (sem testamento) seria a regra da transmissão hereditária, enquanto a sucessão testamentária uma sucessão submetida a importantes restrições.[6]

A sucessão, a nosso ver, está ligada intimamente ao direito de propriedade e ao direito de família, pois em favor da classe de parentes em linha reta (ascendentes e descendentes) e ao cônjuge (CC, art. 1.845) foi reservada parte do patrimônio do *de cujus* denominada legítima.

1.3 Espécies de sucessão

Os modos de transmissão dos bens de uma pessoa depois da sua morte estão relacionados diretamente aos fundamentos da sucessão. Dentro de uma concepção puramente familiar da herança, a lei costuma deferir a transmissão dos bens a pessoas vinculadas por laços de parentesco com o morto. É a chamada *sucessão legítima* na qual a ordem de sucessão é previamente estabelecida pela lei à margem da vontade do *de cujus* (CC, art. 1.829), ou quanto aos bens que não foram compreendidos no testamento ou quando o testamento caducar ou for considerado nulo.[7]

Dentro de uma concepção individualista da sucessão se reconhece amplo direito ao indivíduo para dispor dos seus bens depois da morte, mediante a indicação dos herdeiros por um ato de vontade chamado

---

5. Walter Moraes, *Programa de Direito das Sucessões: Teoria Geral e Sucessão Legítima*, São Paulo, Ed. RT, p. 8.
6. Henri Mazeaud e outros, *Lecciones de Derecho Civil, La Transmisión del Patrimonio Familiar*, 4ª parte, vol. II, cit., p. 10.
7. Arthur Vasco Itabaiana de Oliveira, *Tratado de Direito das Sucessões*, vol. I, cit., p. 54.

testamento, negócio jurídico unilateral de última vontade do falecido (CC, art. 1.857).

O Código Civil brasileiro prestigiou as duas modalidades de sucessão ao estabelecer no art. 1.786 que a sucessão se dá por lei ou por disposição de última vontade.

1.4 Espécies de herdeiros

O herdeiro é a pessoa indicada pela lei ou pelo testamento como sucessor do todo ou de parte ideal do patrimônio deixado pelo *de cujus*. É aquele que sucede na totalidade da herança ou parte dela, sem determinação do valor ou do objeto.[8] O herdeiro *pode ser classificar em legítimo ou testamentário* segundo o fato de sua qualidade de herdeiro decorrer da lei ou do testamento.

Dentre os *herdeiros legítimos* (aqueles escolhidos pela lei) é possível distingui-los em *herdeiros legítimos necessários e herdeiros legítimos facultativos*, segundo o fato de a lei reservar-lhes obrigatoriamente uma parte dos bens do falecido, ainda que o falecido elabore um testamento, o que ocorre com três classes de herdeiros: os ascendentes, os descendentes e o cônjuge; ou segundo o fato de a lei não lhes reservar obrigatoriamente uma parte dos bens do falecido, quando então só participarão da sucessão na qualidade de herdeiros legítimos, se o falecido não tiver realizado testamento e atribuído os seus bens a outras pessoas.

Herdeiro testamentário é o que ostenta a qualidade de herdeiro e participa da sucessão dos bens deixados pelo falecido porque o falecido, por intermédio de um testamento, designou-o herdeiro dos seus bens.

Tanto o herdeiro legítimo como o herdeiro testamentário representam o *de cujus* e entram, desde logo, na posse da herança.

Ao lado da classe dos herdeiros pode subsistir a figura do *legatário*, que se diferencia do herdeiro porque não sucede o *de cujus* na totalidade dos bens deixados por ele, mas o sucede na propriedade de um bem individualizado, determinado. Legatário é o sucessor instituído por testamento para receber determinado bem, certo e individualizado, como "deixo a *Primus* a minha casa tal (objeto determinado), ou a quantia

---
8. Idem, ibidem.

de R$ 20.000,00 (valor determinado), ou bens imóveis situados em tal lugar (certa e determinada parte de bens) ou um cavalo (coisa sem individualização, mas determinada em certo gênero), ou finalmente um cavalo árabe (coisa sem individuação, mas determinada em certa espécie)". O legatário não representa a pessoa do defunto e, por isso, não pode entrar por autoridade própria na posse da coisa legada, que deverá ser pedida aos herdeiros, salvo se o testador, expressa ou tacitamente, lho facultar.[9]

1.5 Fenômeno sucessório: abertura da sucessão, delação e aceitação

O fenômeno sucessório é complexo, composto de três momentos distintos: a abertura da sucessão com a morte, quando surge a necessidade de transmitir a quem de direito os bens do falecido; o oferecimento desses bens a quem de direito (delação) e a aquisição desses bens por quem de direito (aquisição).

1.5.1 Abertura da sucessão

A morte extingue a personalidade da pessoa natural (CC, art. 6º) e, em razão disso, o patrimônio, atributo da personalidade do falecido, deve ser transmitido aos herdeiros. A morte ocupa lugar de destaque no direito das sucessões e mostra-se como causa da transmissão dos bens aos herdeiros.

A sucessão é aberta no momento da morte da pessoa. A abertura da sucessão apresenta-se como efeito instantâneo da morte. A morte é a causa, o motivo para que ocorra a abertura da sucessão. Daí a importância de a comprovarmos.

A morte real é provada diretamente com a certidão de óbito expedida por oficial de registro civil das pessoas naturais lavrada à vista de atestado médico ou excepcionalmente à vista de declaração de duas pessoas que presenciaram ou verificaram a morte (art. 77 da Lei 6.015/ 1973). O assento de óbito é a prova direta da morte biológica constatada por critérios médicos, daí o assento de óbito ser lavrado em decorrência de atestado médico.

9. Idem, ibidem, p. 56.

A *morte real* pode ser provada indiretamente pelos meios probatórios admissíveis, especialmente nas hipóteses de desaparecimento de pessoas em incêndios, terremotos, inundações, acidentes aéreos, naufrágio de navios, campos de batalha ou quaisquer outras catástrofes (arts. 83 a 88 da Lei 6.015/1973).[10]

A *morte presumida* é admitida em nosso ordenamento jurídico no caso de ausência prolongada, isto é, decorridos dez anos do trânsito em julgado da sentença que deferiu a sucessão provisória dos bens do ausente (CC, art. 37), ou se o ausente conta com 80 anos e há pelo menos cinco anos não se recebe notícias suas (CC, art. 38), no caso de quem se encontrava em perigo de vida, sendo provável a sua morte, ou no caso de quem foi capturado como prisioneiro de guerra ou desapareceu em campanha e não foi encontrado até dois anos após o término da guerra (CC, art. 7º).

1.5.1.1 Comoriência

O tema da sucessão relaciona-se com a questão da comoriência. Define-a o art. 8º do CC como a hipótese de falecimento de duas ou mais pessoas ao mesmo tempo, sem se poder identificar quem morreu primeiro. Temos no fenômeno da comoriência dois fatos: (a) a morte de duas pessoas potencialmente sucessoras uma da outra que falecem ao mesmo tempo em razão de uma causa única (*v.g.* acidente) ou não; (b) a impossibilidade técnica de se aferir com segurança quem faleceu primeiro.

A definição do premoriente – aquele que morreu em primeiro lugar – é relevante em decorrência de a morte implicar na transferência de pleno direito do patrimônio do falecido aos seus herdeiros. Situações de mortes próximas entre correspectivos sucessores despertam interesse na constatação do premoriente.

---

10. Segundo Walter Moraes, *Teoria Geral e Sucessão Legítima*, Vicente Rao (*O Direito e a Vida dos Direitos*, II, 109, pp. 232-234) repreende o emprego do termo morte presumida que algumas leis aplicam ao caso de constituição de prova indireta da morte quando dela há certeza. E a reprimenda vem a propósito porque presumida é a morte do ausente. Quando há certeza da morte física, mesmo que o corpo não venha a ser encontrado ou não possa ser identificado, é porque circunstâncias tais envolvem o evento que não podem deixar dúvida da extinção real da pessoa... Não se presume tal morte. A constituição da prova é que segue via indireta. Teria sido mais acertado falar--se nesses diplomas legais em prova indireta da morte do que em morte presumida.

A premoriência deve ser constatada por prova pericial segura, confiável. O Código Civil brasileiro rejeitou o sistema baseado no direito romano de estabelecer presunções ligadas a circunstâncias como a idade e o sexo. O homem morreria depois da mulher e o mais novo morreria depois do mais velho.

Caso não seja possível constatar quem morreu primeiro, o Código Civil brasileiro preferiu considerar ambos simultaneamente mortos, negando efeitos sucessórios entre eles. Nenhum direito fundado na precedência da morte pode ser transferido de uma para outra pessoa, sendo chamado à sucessão aquele que tem de herdar, na falta dos que faleceram no desastre comum.

1.5.2 Delação

Consiste a delação no oferecimento da herança aos sucessíveis.

Não há solução de continuidade entre a abertura da sucessão e a delação (oferecimento da herança aos respectivos herdeiros). Aberta a sucessão com a morte, a herança automaticamente é oferecida aos herdeiros. Entre a delação e a aquisição da herança pela aceitação pode haver um lapso temporal.

No direito brasileiro, embora haja um lapso temporal entre a delação e a aceitação, mesmo antes da aceitação todos os direitos – reais ou pessoais – são transferidos aos herdeiros no momento da morte do *de cujus*. É a regra do art. 1.784 do CC, que repetiu a regra do art. 1.572 do CC de 1916.

De acordo com Pontes de Miranda, foi o Alvará de 9 de novembro de 1754, seguido do assento de 16 de fevereiro de 1876, que introduziu no direito luso-brasileiro a transmissão automática dos direitos, que compõem o patrimônio da herança, aos sucessores, legítimos ou não, com toda a propriedade, a posse, os direitos reais e os pessoais. O que era propriedade e posse do *de cujus* passou a ser propriedade e posse do sucessor à causa da morte, ou dos sucessores, em partes ideais, ou conforme a discriminação testamentária.[11]

É o sentido exato do art. 1.784 do CC brasileiro que acolheu o sistema que obedece ao princípio da transmissão imediata, de pleno direi-

---

11. *Tratado de Direito Privado*, vol. 55, p. 16.

to, ou seja, a substituição imediata do defunto pelo herdeiro na titularidade das relações jurídicas do seu patrimônio. Trata-se, segundo Walter Moraes, de um princípio denominado *saisine*, derivado de uma expressão do antigo axioma hereditário francês – "Le mort saisit le vif" (o morto empossa o vivo).[12]

1.5.2.1 Efeitos da "saisine"

Em decorrência da *saisine*, não há solução de continuidade entre a abertura da sucessão e a aquisição do patrimônio do defunto por seus sucessores, o que evita que o patrimônio, ainda que por breve período, permaneça sem titular.

A transferência do patrimônio ocorre sem que o herdeiro precise praticar um ato.

Ao herdeiro se reconhece legitimidade para propor as ações necessárias à defesa dos bens herdados, mesmo que não seja o único herdeiro dos bens deixados pelo defunto.

Se depois de aberta a sucessão o herdeiro também morre, o patrimônio herdado é transmitido aos seus sucessores, ainda que ele não tenha manifestado a sua aceitação ou mesmo se ele desconhecesse que havia herdado aqueles bens.

1.5.3 Do direito de deliberar:
   da aceitação e da renúncia da herança

O sistema brasileiro consagrou no art. 1.784 do CC a transmissão imediata, de pleno direito, do patrimônio deixado pelo falecido, a fim de que ele não fique vago, sem dono ou responsável.

A transmissão imediata, *ipso iure*, do patrimônio do morto a seus herdeiros não impediu, no entanto, os arts. 1.804 a 1.813 do CC de disciplinarem o direito de deliberar dos herdeiros quanto à aceitação ou à renúncia da herança.

Deferida a herança, pode o sucessível aceitá-la ou não, pois repugna à consciência social o fato de alguém ser obrigado a ingressar numa

---

12. *Teoria Geral e Sucessão Legítima*, cit., p. 39.

situação patrimonial contra a sua vontade. Daí a razão pela qual, para alguns, realçar-se-ia mais a importância do direito de renunciar do que o direito de aceitar. A aceitação, contudo, tem sua importância.

O Direito persegue com a deliberação (aceitar ou renunciar) do herdeiro a estabilidade das relações jurídicas, de modo a colocar um fim à instabilidade que representa a transmissão patrimonial imediata, independentemente da manifestação de vontade do herdeiro. O herdeiro, quando delibera a respeito da herança que já herdou, que já se integrou ao seu patrimônio, aceitando-a ou renunciando-a, põe fim à instabilidade de uma situação jurídica causada sem a sua vontade.[13] Aceitando-a, torna definitiva a transmissão; recusando-a, torna ineficaz a transmissão (CC, art. 1.804, parágrafo único). Assim, na verdade, a delação ou devolução sucessória tem como principal efeito investir o herdeiro em situação jurídica transitória que lhe possibilita aceitar ou repudiar a herança.[14]

O herdeiro pode ser provocado a deliberar pela chamada *actio interrogatória* prevista no art. 1.807 do CC. Com a propositura dessa ação, o prazo para o herdeiro indeciso deliberar será aquele fixado pelo juiz, que, contudo, não será superior a 30 dias. O silêncio do herdeiro implicará na aceitação da herança.

1.5.3.1 Aceitação da herança

A aceitação ou adição da herança é o ato pelo qual o herdeiro, legítimo ou testamentário, manifesta a vontade de receber a herança que lhe é devolvida.[15] É uma manifestação unilateral de vontade confirmatória da transferência dos direitos operada em virtude da lei. Define-a Francisco José Cahali "como o ato jurídico unilateral e necessário pelo qual o herdeiro, que ao tempo da abertura da sucessão houvera adquirido,

---

13. De acordo com Walter Moraes, *Teoria Geral e Sucessão Legítima*, cit., p. 52, importa que o herdeiro se decida efetivamente para que a expectativa de direito não se perpetue. Por isso a norma da sucessão compele-o a um ato exterior de opção, dispositivo indispensável à eficiência do princípio da transmissão imediata. Ele tem de aceitar ou renunciar à herança.

14. Orlando Gomes, *Sucessões*, 6ª ed., Rio de Janeiro, Forense, 1996, p. 18.

15. Clóvis Bevilaqua, *Direito das Sucessões*, Campinas, Red Livros, 2000, p. 74.

ipso jure, a posse e a propriedade dos bens da herança, confirma sua intenção de receber este acervo que lhe é transmitido".[16]

Cuida-se, pois, de ato confirmatório do herdeiro da transmissão de bens que se operou em razão da lei (CC, art. 1.804).

A aceitação não pode ser condicional, nem parcial (CC, art. 1.808). É irrevogável (CC, art. 1.812).

A aceitação exige capacidade e legitimidade. Cite-se o exemplo do tutor ou do curador que para aceitar a herança em nome do pupilo ou curatelado depende de prévia autorização judicial (CC, art. 1.748, II).

A aceitação pode ser *expressa*, isto é, feita por escrito sem a necessidade da forma pública (CC, art. 1.805) ou *tácita*, que se infere da prática de atos próprios da qualidade de herdeiro como: a) administrar definitivamente os bens, aliená-los ou impor-lhes ônus reais; b) reconstruir ou demolir prédios, sem necessidade urgente; c) cobrar dívidas da herança e propor ações que não sejam de caráter puramente conservatório; d) nomear advogado para intervir no inventário na defesa de seus direitos hereditários; e) concordar com as primeiras declarações, avaliações e outros atos do processo; f) prometer alienar os imóveis do espólio ou cedê-los onerosa ou gratuitamente.[17]

Os *chamados atos oficiosos*, isto é, os atos que se praticam desinteressadamente no intuito de prestar um favor, de ser agradável, de satisfazer sentimentos piedosos ou humanitários, bem como os atos de administração e guarda interina, ou seja, os que se praticam para atender a uma necessidade urgente e com ânimo de entregar, sem demora, os bens a quem os deva guardar e conservar e os atos meramente conservatórios não exprimem aceitação da herança porque não são atos próprios da qualidade de herdeiro (CC, art. 1.805).

A *aceitação presumida* é aquela provocada por algum interessado (CC, art. 1.807) e seguida do silêncio do beneficiário. De acordo com

---

16. Francisco José Cahali e Giselda Maria Fernandes Novaes Hironaka, *Curso Avançado de Direito Civil*, vol. 6, *Direito das Sucessões*, 2ª ed., São Paulo, Ed. RT, 2003, p. 92.

17. Clóvis Bevilaqua, *Código Civil dos Estados Unidos do Brasil*, São Paulo, Francisco Alves, p. 763 e Francisco José Cahali, *Curso Avançado de Direito Civil*, vol. 6, *Direito das Sucessões*, cit., p. 93.

Francisco José Cahali, a lei autoriza a quem tenha interesse em saber se o herdeiro irá aceitar ou não a herança, na falta daquele cuja deliberação se espera, que requeira a notificação do silente, reclamando o seu pronunciamento, dentro de prazo razoável, não superior a trinta dias. Não se manifestando no prazo concedido, ter-se-á por aceita a herança, uma vez que a renúncia não se presume, mas a aceitação sim, pela expressa previsão nesse sentido.[18]

Diz-se, ainda, *direta a aceitação* feita pelo próprio herdeiro e *indireta* aquela feita por pessoas diversas do herdeiro, mas autorizadas a fazê-lo, como no caso dos herdeiros do herdeiro que morre antes de aceitar a herança. Os sucessores do herdeiro pós-morto herdarão por estirpe – o ramo sucessório composto por um parente pré-morto do autor da sucessão e seus respectivos descendentes.

A transmissão do direito de aceitação tem limites estabelecidos pelo art. 1.809 do CC que a proíbe quando a herança estiver vinculada à realização de uma condição suspensiva, ainda não verificada.

1.5.3.2 Aceitação a benefício de inventário

No regime jurídico pré-Código Civil de 1916, o herdeiro era considerado o continuador da pessoa do *de cujus* e, por isso, tornava-se responsável pelas dívidas do *de cujus*. O herdeiro, para fugir às consequências da aceitação de uma herança que lhe seria ruinosa, deveria renunciar ou invocar o benefício do inventário em virtude do qual os encargos da herança seriam satisfeitos somente pelos bens transmitidos. Hoje é desnecessária a invocação do benefício de inventário uma vez que o Código Civil incorporou tal regra no ordenamento jurídico e por determinação legal (CC, art. 1.792) o herdeiro não responde por encargos superiores às forças da herança. Disto resulta a separação dos patrimônios do *de cujus* e do herdeiro e, como consequência, o herdeiro não é o responsável pelo pagamento das dívidas da herança além do valor dos bens que lhe couberam e conserva os direitos e obrigações que tinha com o *de cujus*, como qualquer credor ou devedor, que se não extinguem pela confusão.

---

18. *Curso Avançado de Direito Civil*, vol. 6, *Direito das Sucessões*, cit., p. 94.

1.5.3.3 Da renúncia da herança

A renúncia é o ato pelo qual o herdeiro recusa-se a aceitar a herança. A renúncia só produz efeitos se realizada depois da abertura da sucessão. A renúncia prévia à morte não tem validade jurídica.

A renúncia não se presume; a renúncia não pode ser inferida de simples conjecturas; requer ato positivo de vontade e exige solenidade (*nemo juris suo facile renuntiare praesumitur*).

A renúncia deve ser expressa e observar forma especial. A renúncia, nesse caso, pode observar a escritura pública ou o termo judicial lançado nos autos do inventário (CC, art. 1.806), que não precisam ser homologados pelo magistrado. A forma especial visa a proporcionar ao herdeiro a oportunidade para refletir a respeito de sua decisão, impedindo que emoções momentâneas interfiram na sua vontade de renunciar.

A renúncia exige também capacidade especial. O herdeiro casado que renunciar à herança deve fazê-lo com o consentimento do outro cônjuge. A renúncia à herança de bens deixados a menores depende de autorização judicial e, em certos casos, mesmo com a autorização judicial, a renúncia é ineficaz (CC, art. 1.749, II).

Como regra, a renúncia é irretratável e definitiva. A ineficácia da renúncia pode se dar nas hipóteses de ocorrência de erro, dolo, violência, caso em que a renúncia será invalidada.

A renúncia tem eficácia retroativa; o renunciante é considerado como se jamais tivesse sido chamado à sucessão e os seus herdeiros não o representam.

Na sucessão legítima, a quota-parte daquele que renunciou à herança acresce a parte do outro herdeiro da mesma classe e, sendo ele o único herdeiro desta classe, a herança é devolvida aos herdeiros da classe subsequente (CC, art. 1.810).

Na sucessão testamentária, a quota-parte daquele que renunciar irá para o substituto designado pelo testador e, se não existir substituto designado, a parte irá para os herdeiros legítimos, em acréscimo ao quinhão deles. De acordo com Francisco José Cahali, "na sucessão testamentária as consequências da renúncia são variáveis de acordo com cada situação, na dependência do conteúdo das disposições de última vontade. Se o testador indicar um substituto ao herdeiro nomeado para o caso de renúncia (CC, art. 1.729, atual art. 1.947), ou existindo o direito de acrescer entre os herdeiros instituídos (CC, art. 1.712, atual art. 1.943), estes serão os beneficiados com a parcela do renunciante. Caso contrário, ocorrerá a caducidade da instituição, e o quinhão retorna ao monte, seguindo a destinação aos herdeiros legítimos, podendo até, pela inexistência de pessoas sucessíveis, ser destinado ao Poder Público, último indicado na ordem de vocação hereditária".[19]

Há uma distinção entre renúncia propriamente dita – renúncia abdicativa – e renúncia translativa. Na renúncia abdicativa o herdeiro repudia a herança antes de praticar qualquer ato que possa ser considerado aceitação. Na renúncia translativa há uma aceitação com posterior transmissão. Nela o herdeiro aponta a pessoa em favor de quem renuncia a herança. Nesse caso, ter-se-á mais propriamente a cessão da herança (gratuita ou onerosa).

1.5.3.3.1 Restrições à liberdade de renunciar – O repúdio à herança exige a capacidade genérica de praticar atos da vida civil e a capacidade de alienar. O incapaz só pode renunciar à herança por intermédio de representante devidamente autorizado a tanto pelo Poder Judiciário.

A renúncia depende do consentimento do cônjuge não importando o regime de bens escolhido.

A renúncia não pode prejudicar os credores do renunciante; para eles a renúncia é ineficaz. Admite-se ainda a retratação da renúncia se desta resultar prejuízos ao credor do herdeiro renunciante, caso em que a retratação incidirá sobre o montante necessário à satisfação do crédito devendo o remanescente ser devolvido aos outros herdeiros (CC, art. 1.813). Este é um caso particular de anulação do ato praticado em prejuízo dos credores, que se não enquadra nos preceitos estabelecidos relativos à fraude contra credores. Não é preciso que o herdeiro renuncie a herança de má-fé, com a intenção de fraudar, bastando que a renúncia cause prejuízo a seus credores, pois a renúncia é uma alienação gratuita. Para anulá-la não é necessário que o credor proponha a ação pauliana ou revocatória. Basta um simples requerimento ao juiz. O credor pode aceitar a herança pelo herdeiro renunciante no prazo de 30

---

19. *Curso Avançado de Direito Civil*, vol. 6, *Direito das Sucessões*, cit., p. 105.

dias seguintes ao conhecimento do fato (CC, art. 1.813, § 1º), mas antes de transitar em julgado a sentença que homologou partilha; não pode haver aceitação ou renúncia da herança depois da partilha ultimada.

1.5.4 Cessão da herança

É possível ao herdeiro, aberta a sucessão, mesmo não finalizada a partilha, transmitir a outrem a totalidade ou parte de seus direitos sobre a herança por ato entre vivos formalizado por escritura pública, porque a herança tem valor patrimonial. Transmite-se parte ou a totalidade do direito sobre a herança e não sobre bem da herança singularmente considerado. Nesse caso, a cessão é considerada ineficaz (CC, art. 1.793, § 2º).

Transmitem-se os direitos hereditários pertinentes à sucessão aberta e não à qualidade de herdeiro, pois esta é, por característica, personalíssima e intransmissível.

A cessão, negócio jurídico entre vivos, deverá ser feita por escritura pública em razão do fato de a sucessão aberta ser considerada bem imóvel (CC, art. 80, II).

A cessão depende de prévia autorização do juiz do inventário e dos demais herdeiros enquanto durar o estado de indivisão.

A partilha põe fim ao estado de indivisão. A cessão deve ocorrer antes da indivisão. Se ocorrer após não se trata de cessão, mas de outro negócio jurídico, como a compra e venda.

A cessão exige pessoa capaz e com legitimidade para poder alienar sua parte na herança.

A cessão é negócio jurídico aleatório. O cedente não pode ser responsabilizado se por ocasião da partilha ao cessionário foram atribuídos bens de valor inferior ao valor da cessão, exceto se constou do instrumento de cessão exatamente o contrário.

Caio Mário da Silva Pereira e Maria Helena Diniz reconhecem aos herdeiros não cedentes o direito de preferência na cessão dos direitos. De acordo com Maria Helena Diniz, "o cessionário de quotas da herança indivisa não poderá ser admitido no inventário sem que a cessão, que deve ter sido julgada válida, seja intimada aos co-herdeiros, para usarem o direito de preferência concedido pelo art. 1.795 do CC, porque a herança, enquanto não se procede à partilha, é coisa indivisível não podendo, por este motivo, um dos co-herdeiros ceder a sua parte a estranho se algum dos outros co-herdeiros a quiser, tanto por tanto".[20] Francisco José Cahali entende ser desnecessária a deferência do exercício de direito de preferência aos herdeiros não cedentes por tratar-se de condomínio por ficção jurídica.[21]

1.5.5 Lugar da abertura da sucessão

Considera-se aberta a sucessão no lugar onde o falecido teve o seu último domicílio (CC, art. 1.785). Como assevera Orlando Gomes, "não se leva em conta a residência, senão a sede principal dos interesses e negócios do *auctor successionis*".[22]

Interessa a definição do lugar da abertura da sucessão para determinar a competência para processar o inventário dos bens deixados e para estabelecer o foro competente para propositura de ações relacionadas à herança. O juízo de sucessões do domicílio do falecido será o competente para processar o inventário dos bens deixados, bem como para conhecer e julgar das ações propostas contra o espólio, tais como a de petição de herança, a de nulidade de testamento.

Tendo o autor da herança mais de um domicílio o inventário será aberto em qualquer um deles, a critério dos herdeiros. Na falta de domicílio certo, o inventário será iniciado no foro da situação dos bens ou no do lugar do óbito, se os bens estiverem situados em locais diversos (CPC, art. 96, parágrafo único, I e II), desde que a morte tenha ocorrido no Brasil. Se a morte ocorreu no estrangeiro, o foro competente é o último domicílio do autor da herança no Brasil (CPC, art. 96, *caput*).

Diferenciam-se às vezes a abertura da sucessão da abertura do inventário. O inventário e a partilha dos bens deixados ocorrem em local diverso da abertura da sucessão, como no caso do estrangeiro que morre no exterior, mas deixa bens imóveis no Brasil. A sucessão abre-se no domicílio do falecido, mas o inventário dos bens situados no Brasil cabe exclusivamente à autoridade judiciária brasileira (CPC, art. 89, II).

20. *Curso de Direito Civil Brasileiro*, vol. 6, *Direito das Sucessões*, 25ª ed., São Paulo, Saraiva, 2011, pp. 103-104.
21. *Curso Avançado de Direito Civil*, vol. 6, *Direito das Sucessões*, cit., p. 80.
22. *Sucessões*, cit., p. 15.

1.5.6 Lei que regula a sucessão

A lei que regula a sucessão e a capacidade para adquirir bens pelo evento morte é a lei que estiver em vigor no momento da abertura da sucessão, isto é, no momento em que ocorrer a morte do autor da herança (CC, art. 1.787). Alterações legislativas ocorridas após a abertura da sucessão não poderão disciplinar aquela sucessão.

1.5.6.1 Lei que regula a sucessão de estrangeiro

A sucessão do estrangeiro será disciplinada pela lei do país em que era domiciliado o autor da herança (Lei de Introdução às normas do Direito Brasileiro, art. 10).

A sucessão de bens de estrangeiros, situados no país, será regulada pela lei brasileira em benefício do cônjuge ou dos filhos brasileiros, sempre que não lhes seja mais favorável a lei pessoal do morto (Lei de Introdução às normas do Direito Brasileiro, art. 10, § 1º).

1.5.7 Da herança e de sua administração

Herança é o patrimônio do *de cujus*, o conjunto de direitos e obrigações transmitidos ao herdeiro. No sentido lato ou amplo, a herança é uma universalidade de direito com existência mesmo sem objetos materiais que a componham, apenas direitos ou mesmo encargos, de modo que compreende a universalidade de todos os direitos ativos e passivos, de todos os bens móveis, imóveis e semoventes, tais quais existam ao tempo da morte do *de cujus*; enquanto no sentido restrito, a herança compreende apenas os bens partilháveis, de modo a indicar o patrimônio objeto de transmissão ao herdeiro, obtido após a dedução das obrigações devidas aos credores.[23]

A herança ou o patrimônio transferido aos herdeiros legítimos e testamentários, no momento da abertura da sucessão, configura uma universalidade (pluralidade de bens), indivisível, não importa o número de herdeiros. O estado de indivisão característico da sucessão é, contudo, transitório, pois, como alerta Clóvis Bevilaqua "a ele se opõe a indivi-

---

23. Arthur Vasco Itabaiana de Oliveira, *Tratado de Direito das Sucessões*, vol. I, cit., p. 60.

dualização e o exclusivismo da propriedade",[24] de modo que resta ultimar a partilha, isto é, dividir os bens entre os herdeiros.

Enquanto não ultimada a partilha entre os herdeiros, prevalece o *estado de indivisão* e a este é aplicável as regras do condomínio de modo que cada herdeiro está autorizado a defender em juízo a totalidade dos bens que lhes foram transmitidos pela morte do autor da herança. É o que estabelece o art. 1.791 do CC. A esse respeito, Caio Mário da Silva Pereira, assim se manifesta: "no momento da transmissão hereditária, não se sabe, ainda, o que especificamente constitui o direito de cada um. Todos os elementos do patrimônio do falecido, ao passarem para os seus herdeiros, compõem um acervo indiviso que pertence a todos conjuntamente. Sobre esta massa, todos têm direitos iguais, aplicando-se-lhes as regras do condomínio".[25] No mesmo sentido Maria Helena Diniz, para quem a herança, até a partilha, é uma unidade legalmente indivisível, embora seja de natureza divisível, razão pela qual existe a partilha.[26]

A partilha pressupõe a abertura de inventário,[27] que deverá ser requerida no prazo de 60 dias a contar da abertura da sucessão, perante o juízo competente (CPC, art. 983, o que implica revogação parcial do CC, art. 1.796, que menciona o prazo de 30 dias).

No processo de inventário o magistrado designará o inventariante, que, entre outras atribuições, será o responsável pela administração da herança (CC, art. 1.797).

Até a nomeação de inventariante, a lei, no art. 1.797 do CC, estabelece um rol sucessivo de pessoas que podem vir a administrar a herança. São elas: o cônjuge ou companheiro, desde que ao tempo da abertura da sucessão persistisse a convivência afetuosa; o herdeiro que estiver na posse e administração dos bens; o herdeiro mais velho, havendo mais de um herdeiro na posse e administração dos bens; o testamenteiro; e, por último, a pessoa de confiança do magistrado.

24. *Direito das Sucessões*, cit., p. 413.
25. *Instituições de Direito Civil*, vol. VI, *Direito das Sucessões*, cit., p. 401.
26. *Curso de Direito Civil Brasileiro*, vol. 6º, *Direito das Sucessões*, cit., p. 448.
27. Maria Helena Diniz, *Curso de Direito Civil Brasileiro*, vol. 6º, *Direito das Sucessões*, cit., p. 406, define o inventário como "o processo judicial (CC, art. 1.796; CPC, art. 982) tendente à relação, descrição, avaliação e liquidação de todos os bens pertencentes ao *de cujus* ao tempo de sua morte, para distribuí-los entre seus sucessores".

Capítulo 2
CAPACIDADE SUCESSÓRIA

2.1 Considerações gerais. 2.2 Da indignidade: 2.2.1 Causas da indignidade – 2.2.2 Efeitos da indignidade – 2.2.3 Procedimentos para a obtenção da exclusão – 2.2.4 Reabilitação do indigno. 2.3 Deserdação: 2.3.1 Conceito – 2.3.2 Pressupostos – 2.3.3 Causas da deserdação – 2.3.4 Efetivação da deserdação – 2.3.5 Efeitos da deserdação – 2.3.6 Substituição do deserdado na herança – 2.3.7 Destino dos bens que caberiam ao deserdado – 2.3.8 Deserdação punitiva ou penal – 2.3.9 Deserdação bem intencionada – 2.3.10 Retratação da deserdação – 2.3.11 Diferenças entre a deserdação e a indignidade.

2.1 Considerações gerais

Capacidade para suceder significa a aptidão reconhecida pelo ordenamento jurídico à pessoa para recolher, na qualidade de sucessor – herdeiro –, os bens deixados pela morte de alguém.

A legislação brasileira anterior ao Código Civil trazia um extenso rol de pessoas que estavam impedidas de suceder, entre elas, os religiosos, ainda que professados em comunidades, que pudessem possuir bens em comum; os estrangeiros; os desnaturalizados; os proscritos; os hereges e apóstatas; os escravos; os criminosos de lesa-majestade divina ou humana, seus filhos e netos, mas não as filhas; os filhos espúrios; o morto civil.

A evolução jurídica operada com a chegada do Código Civil eliminou a incapacidade para a sucessão legítima no direito brasileiro, mas manteve como exigência para aquisição da capacidade de suceder o requisito geral da existência da pessoa no momento da abertura da sucessão (morte do *de cujus*). De acordo com Orlando Gomes, "têm capacidade sucessória todas as pessoas existentes no momento da abertura da sucessão, sejam físicas ou jurídicas".¹ No mesmo sentido Caio Mário da Silva Pereira para quem "o chamado à sucessão deve existir no momento da delação da herança. Esta não se defere no vazio, não se transmite ao nada. Se naquele instante o herdeiro já é morto, defere-se a herança aos outros de sua classe, ou aos da imediata, se for ele o único. Diz-se, pois, com razão, que a delação da herança pressupõe que o herdeiro exista e seja conhecido – *nescitur ubi sit e na sit* – pois, do contrário, será chamada outra pessoa que atenda a esses pressupostos".²

Excepciona-se esta regra para reconhecer capacidade sucessória ao concebido no momento da abertura da sucessão. Assim, atribui-se a aptidão para suceder a todo aquele concebido ao tempo da morte do sucedido. Nesse caso, a confirmação da capacidade dar-se-á com o nascimento com vida. Na lição de Clóvis Bevilaqua "o nascituro, porém, já concebido no momento da abertura da sucessão é tido por capaz de suceder, sob a condição de nascer vivo".³ No mesmo sentido Orlando Gomes para quem "tem o nascituro, em consequência, capacidade sucessória. Sua capacidade é, entretanto, excepcional porque somente sucede se nascer com vida. Desse modo, verifica-se um estado de pendência da delação, recolhendo seu representante legal a herança sob condição resolutiva".⁴

Carlos Maximiliano Santos, com propriedade, esclarece que a capacidade para suceder requer hoje que a pessoa esteja concebida e viva e, portanto, apresenta-se como incapaz para suceder quem não estava concebido quando faleceu o *de cujus* ou estava concebido, porém nasceu morto. Então, prossegue o ilustre autor, para suceder é indispensável já viver no momento do óbito do *de cujus*, embora sem existência autônoma. Basta que esteja concebido e como tal se presume o que nasceu até 180 dias depois do casamento e 300 dias após a morte do hereditando.⁵ De fato, o direito de suceder do nascituro depende de já estar concebido no momento da abertura da sucessão, o que será provado por presunção.⁶

---

1. *Sucessões*, 6ª ed., Rio de Janeiro, Forense, 1996, p. 29.
2. *Instituições de Direito Civil*, vol. VI, 1ª ed., Rio de Janeiro, Forense, p. 25.
3. *Direito das Sucessões*, Campinas, Red Livros, 2000, p. 118.
4. *Sucessões*, cit., p. 30.
5. *Direito das Sucessões*, Rio de Janeiro, Freitas Bastos, p. 131.
6. Orlando Gomes, *Sucessões*, cit., p. 30.

As disposições acima foram acolhidas pelo Código Civil que no art. 1.798 estabeleceu: "Legitimam-se a suceder as pessoas nascidas ou já concebidas no momento da abertura da sucessão".

A concepção, como pressuposto para aquisição da capacidade de suceder, é dispensável na sucessão testamentária que pela substituição fideicomissária (CC, art. 1.952) ou pela designação da herança a prole eventual de determinada pessoa (CC, art. 1.799, I) contempla mecanismos para investir na qualidade de herdeiros pessoas não concebidas no momento da abertura da sucessão. Na hipótese de designação de herança a prole eventual estipula-se um prazo de dois anos de espera para a concepção do herdeiro, que, se não vier a ocorrer, implicará na caducidade da disposição testamentária e na devolução da herança aos herdeiros legítimos, salvo disposição em contrário do testador (CC, art. 1.800, § 4º). Os bens da herança destinados a filhos ainda não concebidos de pessoas indicadas pelo testador serão entregues aos cuidados destas, para que na qualidade de curadores zelem pelo patrimônio que aguarda a concepção e o nascimento do herdeiro designado (CC, art. 1.800, § 1º).[7]

A pessoa jurídica ou moral também tem aptidão para suceder, desde que exista, esteja legalizada e tenha sido designada herdeira em testamento. Portanto, a capacidade da pessoa jurídica ou moral existe tão somente na sucessão testamentária (CC, art. 1.799, II). Excetua-se da regra de coexistência com o autor da herança a fundação (CC, art. 1.799, III). Para Orlando Gomes, "podendo o testador instituir *fundação*, óbvio se torna que essa pessoa jurídica, ainda não constituída, pode suceder, formando-se precisamente, com a dotação especial que aquele lhe fizer".[8] Alguns admitem capacidade sucessória também às sociedades de fato no pressuposto de que atuam no mundo jurídico, podendo, tornar-se sociedade regular a qualquer tempo.[9] Maria Helena Diniz nega à pessoa jurídica em liquidação a possibilidade de receber por herança, pois já cessou de existir, prolongando-se a sua personalidade apenas em atenção aos atos indispensáveis à liquidação patrimonial.[10]

---

7. Caio Mário da Silva Pereira, *Instituições de Direito Civil*, vol. VI, cit., p. 26, e Orlando Gomes, *Sucessões*, cit., p. 30.

8. *Sucessões*, cit., p. 31.

9. Orlando Gomes, *Sucessões*, cit., p. 31. Caio Mário da Silva Pereira, *Instituições de Direito Civil*, vol. VI, p. 27.

10. *Curso de Direito Civil Brasileiro*, vol. 6, *Direito das Sucessões*, cit., p. 64.

Animais ou coisas não podem ser designados herdeiros. De acordo com Caio Mário da Silva Pereira, "somente o homem pode adquirir *causa mortis* e as pessoas jurídicas por causa dos homens (*hominum causa*). Não há, pois, falar em sucessão de qualquer espécie, em favor de coisa inanimada ou de um irracional. Falta às coisas por não serem sujeitos de direito a capacidade sucessória. A regra não perde a sua exatidão jurídica, quando se admite a herança ou legado a uma pessoa, com o encargo de cuidar de certa coisa, seja esta imóvel ou móvel, inanimada ou semovente, pois que o herdeiro instituído é a pessoa; os cuidados com a coisa ou o animal constituirão encargo a ela imposto".[11]

2.2 Da indignidade

A indignidade é um instituto próximo da capacidade sucessória que, no entanto, com ela não se confunde, pois a indignidade é causa de exclusão do herdeiro e não causa de incapacidade do herdeiro. Contudo, pela proximidade do tema, o assunto é estudado ao tratar-se da capacidade sucessória.

Inspira-se o instituto da indignidade no fato de repugnar à consciência social que uma pessoa suceda a outra, obtenha vantagem de seu patrimônio, depois de cometer contra ela atos lesivos de certa gravidade.[12]

A indignidade consiste na privação do direito de suceder, prevista por lei, a quem cometeu certos atos ofensivos à pessoa ou aos interesses do autor da herança.

Carlos Maximiliano Santos define-a como uma pecha e consequente pena civil que sobre si atrai o herdeiro ou legatário com o atentar dolosamente contra a vida, a honra ou o direito hereditário ativo daquele a quem lhe cabe suceder. Indigno, portanto, é o herdeiro que cometeu atos ofensivos à pessoa ou atentou contra a liberdade de testar.[13]

A indignidade tem a natureza de sanção civil. Trata-se, na verdade, de uma pena imposta ao herdeiro ou ao legatário que atentou dolosamente contra a vida, a honra ou a liberdade do autor da herança e que

---

11. *Instituições de Direito Civil*, vol. VI, cit., p. 28.
12. Carlos Roberto Gonçalves, *Direito Civil Brasileiro*, vol. VII, *Direito das Sucessões*, 2ª ed., São Paulo, Saraiva, 2008, p. 94.
13. Orlando Gomes, *Sucessões*, cit., p. 31.

consiste em privá-lo da herança. O fundamento da sanção contra a indignidade é o sentimento ético de reprovação ao comportamento daquele que atentou contra a vida, honra e liberdade da pessoa de quem herdará bens.

A indignidade, por ser uma sanção, como consequência leva a uma interpretação restrita das hipóteses descritas na lei e a considerá-las taxativas; além disso, os efeitos da indignidade se projetam apenas sobre a pessoa do indigno (CC, art. 1.816). Por importar o pronunciamento judicial contra o indigno em uma diminuição da capacidade para adquirir e conservar direitos em verdadeira pena, embora de caráter civil, as disposições a tal respeito são taxativas; não se estendem às hipóteses outras, por analogia ou paridade; só se aplicam aos casos mencionados, interpretados ainda estes estritamente.

Podem ser excluídos da sucessão os herdeiros legítimos ou testamentários, universais ou singulares (legatários) nos termos do art. 1.814 do CC. Diversamente do que ocorre com a deserdação, a indignidade não é um instituto limitado às hipóteses da sucessão testamentária ou da sucessão legítima.

2.2.1 Causas da indignidade

No direito brasileiro são causas de indignidade o herdeiro cometer ou participar de crime de homicídio voluntário tentado ou consumado contra a pessoa de cuja sucessão se tratar (*de cujus*) ou de seu cônjuge, companheiro, ascendente ou descendente; o herdeiro que acusar caluniosamente em juízo ou cometer crime contra a honra do *de cujus* ou de seu cônjuge ou companheiro; o herdeiro inibir a pessoa do autor da herança, mediante violência ou meios fraudulentos, de livremente dispor de seus bens por ato de última vontade (CC, art. 1.814).

A amplitude do texto legislativo na primeira hipótese – o cometer ou participar de crime de homicídio voluntário tentado ou consumado contra a pessoa de cuja sucessão se tratar (*de cujus*) – abrange o autor, coautor, instigador, auxiliar de homicídio e até o réu de simples tentativa. Também incorre na pena civil o herdeiro, seja qual for o modo pelo qual haja cooperado conscientemente para a morte do hereditando ou de seus familiares próximos (cônjuge, companheiro, ascendente ou descendente). Esta foi uma novidade introduzida pelo Código Civil de 2002

(CC, art. 1.814, I), já que na sistemática do Código Civil de 1916 a indignidade era relativa – e não absoluta – por referir-se sempre a pessoa de cuja sucessão se tratava e nunca a outra pessoa. Agora, com o Código Civil de 2002, aquele que atenta contra a vida não apenas da pessoa do *de cujus*, mas, também, contra a vida de seu cônjuge, companheiro, ascendente ou descendente – que muitas vezes o precede na ordem de sucessão –, e se beneficia com a sua morte, será considerado indigno.

A indignidade no caso de homicídio pode ser reconhecida em processo civil, não havendo necessidade de um pronunciamento do juízo criminal. De acordo com Caio Mário da Silva Pereira, "ao contrário do direito francês e do belga, que instituem a prévia condenação criminal do herdeiro, o nosso não a erige em requisito da pena civil, reputando desta sorte indigno o que comete o fato, e não apenas o que sofre a condenação. Mas é óbvio que uma absolvição do acusado, pelo reconhecimento de uma excludente de criminalidade, percute no juízo cível, para aliviá-lo da pecha de indigno".[14]

A indignidade atinge somente o autor ou o partícipe de homicídio doloso; o autor de homicídio involuntário (culposo ou casual) ou de homicídio praticado por necessidade, obediência à lei ou legítima defesa, não é considerado indigno.

Também não será considerado indigno o autor ou cúmplice do crime de lesões corporais, embora dos ferimentos resulte a morte do hereditando ou aquele que o auxiliou a cometer o suicídio ou, ainda, o que atuou com erro sobre a pessoa, isto é, investiu contra o *de cujus* pensando que era outro ou com *aberratio ictus*, isto é, investiu contra o desafeto, o *de cujus*, mas atingiu outra pessoa.

A prescrição da pretensão punitiva do Estado não impede que se proclame a indignidade do herdeiro; ao herdeiro indigno só aproveita a prescrição civil.

Na segunda hipótese de indignidade o sucessor acusa caluniosamente em juízo o sucessível. Cuida-se de crime específico de denunciação caluniosa, que nos termos do art. 339 do Código Penal consiste em dar causa a instauração de inquérito policial ou de processo judicial

---

14. *Instituições de Direito Civil*, vol. VI, cit., p. 30. No mesmo sentido Maria Helena Diniz, *Curso de Direito Civil Brasileiro*, vol. 6, *Direito das Sucessões*, cit., p. 47 e Orlando Gomes, *Sucessões*, cit., p. 34.

contra alguém, imputando-lhe crime de que o sabe inocente. Contudo, as palavras – em juízo – têm evidentemente efeito limitativo: indicam referir-se a lei apenas ao fato de ir o sucessor ao foro criminal e despertar a iniciativa processual do Ministério Público, ou de magistrado, contra o hereditando. Não tem importância, na hipótese vertente, a modalidade, a forma da queixa ou denúncia; basta ficar provado que o beneficiado levou o falso delito ao conhecimento da autoridade judiciária, dolosamente, com o objetivo de provocar uma ação contra o inocente. Como a exegese do dispositivo é a estrita, exclui-se a hipótese de se dirigir o delator a autoridade policial ou administrativa.

Torna-se indigno também aquele que comete crime contra a honra (calúnia, injúria, difamação) do de cujus ou de seu cônjuge ou companheiro (CC, art. 1.814, II). A menção ao termo crime não exige que o sucessor, para ser considerado indigno, deva ser previamente condenado. Apenas no caso de denunciação caluniosa – com o procedimento penal já instaurado – é que se deve aguardar o desfecho da ação penal.

Para Orlando Gomes a expressão "crimes contra a honra" empregada no texto legal abrange as ofensas contra a memória do morto.[15] Desta forma, a ofensa à memória do de cujus não impede a aplicação da pena de indignidade.

A terceira hipótese de indignidade ocorre quando o indigno por violência ou fraude inibe o falecido de dispor livremente de seus bens por ato de última vontade (CC, art. 1.814, III). Prestigia-se o respeito à liberdade de testar e pune-se o que atenta contra ela, por violência ou dolo, coação ou artifício, o que ocorre quando impede a elaboração do instrumento, consegue modificar o seu conteúdo, ou o inutiliza ou o falsifica.

A pena não é aplicada quando a conduta do sucessor não produzir o efeito de inibir a livre disposição de bens; assim desconsidera-se a ofensa não se justificando a exclusão do herdeiro.

2.2.2 Efeitos da indignidade

A indignidade exclui o herdeiro considerado indigno da sucessão legítima ou testamentária. De acordo com Orlando Gomes, "os efeitos

---

15. Sucessões, cit., p. 35.

da indignidade resumem-se na exclusão do herdeiro sucessível, não se operando a delação em seu favor. É como se ele morto fosse".¹⁶

Esse efeito é pessoal (CC, art. 1.816), de modo que os descendentes do indigno, se existentes, herdam a parte que lhe cabia na herança por direito de representação. Nessa hipótese, o indigno não tem o usufruto e o direito de administrar os bens recebidos em razão da substituição por seus filhos menores e não herda tais bens, caso eles (os filhos) venham a falecer antes dele (CC, art. 1.816, parágrafo único).

Se não há descendentes do indigno, a sua parte retorna ao monte a ser partilhado e seguirá a destinação legítima ou testamentária, como se ele – o indigno – não existisse. A substituição do indigno ocorre apenas na linha reta descendente, de modo que o indigno não poderá ser sucedido, na falta de descendentes, pelos ascendentes, cônjuge ou colaterais.

Na sucessão testamentária, toma o lugar o indigno o substituto indicado no testamento. Não o havendo, a parte que caberia ao indigno acresce a parte dos outros herdeiros.

O efeito de excluir o indigno da sucessão retroage à data da abertura da sucessão. Até que ocorra esse efeito, que depende de decisão transitada em julgado, o indigno ingressa na posse e na propriedade dos bens do *de cujus*; o seu direito, no entanto, está subordinado a uma condição resolutiva: procedente a ação e operando-se o trânsito em julgado da sentença ou do acórdão, o indigno deverá restituir os bens recebidos por força da delação acrescidos dos frutos e rendimentos. A lei o equipara ao possuidor de má-fé (CC, art. 1.817, parágrafo único), mas lhe reconhece o direito de pedir ressarcimento pelas despesas com a conservação dos bens da herança e o de cobrar créditos que tenha contra a herança (CC, art. 1.817, parágrafo único).

O herdeiro indigno, enquanto não julgada definitivamente a lide, conserva a condição de herdeiro aparente de modo que a alienação onerosa de bens realizada por ele a terceiros de boa-fé é considerada válida e eficaz pelo ordenamento jurídico (CC, art. 1.817). De acordo com a lição de Orlando Gomes, o indigno "em face de terceiros, conserva a figura de herdeiro aparente, sendo válidas as alienações de bens hereditários anteriores à sentença declaratória da indignidade".¹⁷ Para Maria

---

16. Idem, p. 35.
17. *Sucessões*, cit., p. 35.

Helena Diniz, "opera a sentença *ex nunc*, validando atos praticados pelo herdeiro excluído até o momento de sua exclusão da sucessão, atendendo ao princípio da onerosidade da alienação e da boa-fé dos adquirentes, uma vez que o indigno se apresentava aos olhos de todos como herdeiro do hereditando, sendo, portanto, um *herdeiro aparente*, devido à impressão generalizada de ser o sucessor do *de cujus*".[18]

A resolução do seu direito de herdar não resulta na ineficácia das alienações realizadas. O mesmo efeito não ocorre se a alienação for gratuita, situação em que não há prejuízo para o terceiro, ou se a alienação mesmo onerosa for feita a terceiro que sabia da condição de indigno do herdeiro.

2.2.3 Procedimentos para obtenção da exclusão

A exclusão do herdeiro indigno deve ser obtida por meio de sentença declaratória com trânsito em julgado proposta no juízo sucessório. Na lição de Maria Helena Diniz, "a exclusão do herdeiro ou do legatário por indignidade não é arbitrária nem se dá *ipso iure*. É imprescindível o pronunciamento da indignidade por sentença proferida em ação ordinária, movida contra o herdeiro por quem tenha legítimo interesse na sucessão"[19] (CC, art. 1.815).

Não importa que exista prévia condenação criminal confirmando a prática do ato criminoso.

Qualquer interessado no afastamento do herdeiro pode propor a ação de exclusão (outros herdeiros, legatário, descendentes do indigno e o Poder Público) inclusive, com o apoio de forte corrente doutrinária, os credores do herdeiro beneficiado com a exclusão.

O prazo para propor a ação é de quatro anos a partir do falecimento e, portanto, da abertura da sucessão (CC, art. 1.815, parágrafo único). Assim, a ação declaratória de indignidade deve ser proposta após a morte do hereditando, de modo que ele, quando ofendido, não pode propor ação contra o ofensor, restando-lhe apenas a faculdade de deserdá-lo.[20]

---

18. *Curso de Direito Civil Brasileiro*, vol. 6, *Direito das Sucessões*, cit., p. 73.
19. Idem, p. 69
20. Maria Helena Diniz, *Curso de Direito Civil Brasileiro*, vol. 6, *Direito das Sucessões*, cit., pp. 70-71.

A morte do indigno, nos casos em que o reconhecimento da exclusão pode alterar o destino dos bens, não ocasiona a extinção prematura da ação por falta de interesse de agir superveniente.

2.2.4 Reabilitação do indigno

O indigno pode ser reabilitado pelo perdão do ofendido expressamente declarado em documento público (escritura ou testamento) ou particular. O perdão expresso manifesta-se pela declaração de permitir ao indigno participar de sua sucessão, não obstante as ofensas cometidas por ele, reabilitando-o. O perdão do ofendido seria a causa de reabilitação do herdeiro indigno.

O perdão é ato formal e privativo. Deve observar a forma escrita; Cabe ao sucessível tão somente a faculdade de perdoar.

Admite-se o perdão tácito, como na hipótese de o indigno, após a ofensa, ser contemplado em testamento pelo sucessível. Nesse caso, a reabilitação seria total e não parcial, não se justificando limitar a sucessão do indigno perdoado aos limites da disposição testamentária, pois equivaleria a dividir a sucessão em duas partes já que o herdeiro seria considerado digno de suceder nos termos da disposição testamentária e considerado indigno de suceder a parte que tivesse direito pela sucessão legítima.[21]

A reabilitação do indigno pelo perdão é ato irretratável. Se ela for declarada em testamento, a reabilitação produz efeitos, mesmo que o testamento venha a ser revogado ou declarado inexequível.

O perdão pode, no entanto, ser invalidado por erro, dolo ou coação.[22]

2.3 Deserdação

2.3.1 Conceito

A deserdação encontra-se disciplinada no Código Civil, nos arts. 1.961 a 1.965.

---

21. Neste sentido, Orlando Gomes, *Sucessões*, cit., p. 38.
22. Idem, p. 38.

A deserdação é ato pelo qual o autor da herança, por disposição testamentária, priva o herdeiro necessário de sua legítima, por ter praticado contra a sua pessoa quaisquer dos atos descritos na lei (CC, arts. 1.962 e 1.963). Trata-se, na verdade, de uma sanção civil imposta ao herdeiro necessário que atenta contra a honra ou a vida do autor da herança.

A deserdação serve para excepcionar a regra da sucessão legítima que protege os herdeiros necessários (ascendentes, descendentes e cônjuge) quando lhes reserva uma quota dos bens do autor da herança, denominada legítima.

A deserdação é modo de exclusão de herdeiros necessários da sucessão legítima. Não se trata de instituto próprio da sucessão testamentária, e é disciplinada no tema da sucessão testamentária, porque ela, para produzir efeitos, tem de constar do testamento, por intermédio de cláusula denominada *cláusula de deserdação*.[23]

2.3.2 Pressupostos

A deserdação pressupõe a existência de herdeiros necessários. Os herdeiros necessários no Código Civil de 1916 eram os descendentes e os ascendentes (CC/1916, art. 1.721) enquanto no Código Civil de 2002 são os descendentes, os ascendentes e o cônjuge (CC/2002, art. 1.845). O cônjuge, embora passível de ser deserdado, foi esquecido no Código Civil de 2002 que só mencionou a deserdação dos descendentes por ascendentes e a deserdação dos ascendentes por seus descendentes, motivo pelo qual, segundo Maria Helena Diniz, tramita no Congresso projeto de alteração do Código Civil (Projeto de Lei 276/2007) que autoriza a deserdação do cônjuge por ofensa física, injúria grave, conduta desonrosa, desamparo do outro cônjuge ou de descendente comum com deficiência mental ou grave enfermidade.[24]

---

23. Orlando Gomes, *Sucessões*, p. 233, manifestou-se sobre a deserdação: "Deserdar significa privar alguém do direto de participar da sucessão de outrem. Esse direito se exerce unicamente contra os descendentes ou ascendentes do autor da herança quanto à sua legítima. Se o testador não tem herdeiros legitimários, pode dispor livremente de seus bens, não precisando declarar os motivos de não ter contemplado herdeiros que seriam chamados à sucessão se porventura falecesse intestato".

24. *Curso de Direito Civil Brasileiro*, vol. 6, *Direito das Sucessões*, cit., pp. 224-225.

Se não há herdeiros necessários a deserdação é desnecessária, já que o autor da herança poderá afastar da sucessão os demais herdeiros com a simples instituição de outros herdeiros (CC, art. 1.850).

A deserdação pressupõe a realização de um testamento, de qualquer modalidade. Ela só é possível pela via testamentária e deve estar expressamente prevista no testamento, por intermédio da denominada cláusula de deserdação. Assim, não se admitem declarações implícitas.

A cláusula de deserdação pressupõe a declaração expressa da causa da deserdação. A cláusula de deserdação deve expressar, de modo claro e explícito, o motivo da deserdação de modo a permitir a defesa do imputado (CC, art. 1.964).

2.3.3 Causas da deserdação

A deserdação, sanção que é, tem determinadas causas que a autorizam. Estas causas, por permitirem a aplicação de uma pena ao infrator, são causas *taxativas, que não admitem interpretação extensiva ou aplicação analógica*. As causas que autorizam a deserdação estão expressamente previstas nos arts. 1.962 e 1.963 do CC. Assim, além das causas que autorizam a aplicação da pena de indignidade, como ser autor ou cúmplice em crime de homicídio voluntário, tentado ou consumado contra o autor da herança ou acusar caluniosamente em juízo o autor da herança ou incorrer em crime contra sua honra e inibir por violência ou fraude a liberdade de disposição dos bens (CC, art. 1.814), também autorizam a deserdação dos descendentes as causas descritas no art. 1.962 do CC e a deserdação dos ascendentes as causas descritas no art. 1.963 do CC.

Pelo sistema do Código Civil os descendentes podem ser deserdados pelos ascendentes quando cometerem contra eles ofensas físicas, injúria grave, manterem relações ilícitas com a madrasta ou padrasto e desampará-los em casos de alienação mental ou grave enfermidade. Da mesma forma os ascendentes podem ser deserdados pelos descendentes quando cometerem contra eles ofensas físicas, injúria grave, mantiverem relações ilícitas com a mulher do filho ou a do neto, ou com o marido da filha ou o da neta e desampará-los em casos de alienação mental ou grave enfermidade.

As causas são comuns com pequena variação no que diz respeito às relações ilícitas em razão do imputado (descendente ou ascendente).

As *ofensas físicas*, ainda que de natureza leve, autorizam a deserdação, *independentemente* de prévia decisão da justiça criminal. Configuram ofensas físicas as lesões corporais leve, grave ou gravíssima, dolosamente praticadas. Não são causas de deserdação as ofensas físicas cometidas culposamente pelo imputado.

A *injúria grave* caracteriza-se pela ofensa grave, com a intenção de injuriar (*animus injuriandi*), a honra, a dignidade, a fama, a reputação e a respeitabilidade da pessoa, de modo que se torne intolerável o convívio entre o imputado e o injuriado.

Relações ilícitas são relações sexuais que seriam incestuosas, imorais e, portanto, configuram um fator de desestabilização da harmonia da família.

O desamparo na alienação mental ou na grave enfermidade. Nesse caso, a pena de deserdação é aplicada àquele que pode prestar auxílio, mas deixa o ascendente ou o descendente gravemente enfermo abandonado à sua própria sorte.

2.3.4 Efetivação da deserdação

A deserdação, para efetivar-se, depende de dois atos substanciais.

O primeiro: a deserdação deve ser ordenada por testamento. *Só o testamento, por ser ato mais solene e por exprimir a última vontade do indivíduo, está em condições de dar forma legal a um ato de tamanha gravidade*. A deserdação ordenada no testamento deve declarar a *causa legal* em que se funda. Sem essa declaração ou se a causa invocada não corresponder exatamente a alguma das causas legais, a deserdação será inoperante e não produzirá efeito.

O segundo: o herdeiro que for beneficiado com a deserdação deve provar, mediante a propositura de ação, ser verdadeira a causa da deserdação. Não provada a causa invocada para a deserdação, afiguram-se ineficazes[25] as disposições que prejudiquem a legítima do deserdado. De acordo com a lição de Orlando Gomes:

25. O Código Civil declara nula a disposição que prejudique a legítima do deserdado e cuja veracidade não foi comprovada. Trata-se de impropriedade, pois a disposição testamentária, nesse caso, é ineficaz.

"A eficácia da disposição testamentária da deserdação subordina-se à comprovação da veracidade da causa arguida pelo testador. Sua simples declaração é insuficiente, porque poderia resultar de animosidade ao herdeiro necessário, sem constituir causa verdadeira de exclusão. Exige a lei, assim, que, depois de aberta a sucessão, se apure, em juízo, se o herdeiro deserdado praticou os atos apontados como o motivo da deserdação.

"A prova da veracidade da causa declarada pelo testador produz-se em ação ordinária proposta pelo próprio herdeiro interessado na apuração, ou pela pessoa a quem a deserdação aproveite. Ao primeiro, interessa demonstrar a falsidade da increpação, não só por interesse econômico, mas, também, moral. Ao segundo, porque se beneficiará com a exclusão, substituindo o deserdado. Quem não tenha interesse, não pode propor a ação, como é o caso, por exemplo, do testamenteiro."[26]

O prazo para propor a ação é de quatro anos, a contar da abertura do testamento (CC, art. 1.965, parágrafo único).

2.3.5 Efeitos da deserdação

A deserdação produz o efeito principal de excluir o herdeiro da herança e o impede de receber a legítima que por lei lhe estava reservada (CC, art. 1.961).

2.3.6 Substituição do deserdado na herança

Não há na deserdação regra semelhante à do art. 1.816 do CC que limita os efeitos da indignidade à pessoa do culpado. Logo, para alguns, o deserdado e seus descendentes são excluídos da sucessão, atribuindo-se sua quota aos demais herdeiros do *de cujus*. É a lição de Washington de Barros Monteiro que defende a exclusão não só do deserdado, bem como de seus descendentes, por não haver no Código Civil norma idêntica alusiva à indignidade, a prescrever que são pessoais os efeitos da exclusão do herdeiro por indignidade.[27]

26. *Sucessões*, cit., p. 234.
27. *Curso de Direito Civil*, vol. 6, 17ª ed., São Paulo, Saraiva, p. 247.

Outros, no entanto, sustentam a aplicação analógica das regras relativas à indignidade, de modo que os descendentes do herdeiro deserdado herdariam por direito de representação. Filiado a esta última corrente, ensina-nos Caio Mário da Silva Pereira: "tem-se entendido que a deserdação não se estenderá aos descendentes do excluído. Para assim raciocinar, argumenta-se que o legislador mesmo, invocando as causas atinentes à indignidade, admite a sua invocação para fundamentar a deserdação: é de princípio que a declaração de indignidade é personalíssima. O argumento é corroborado por este outro, de que a deserdação, como pena civil que é, não pode ultrapassar a pessoa do delinquente".[28] No mesmo sentido Orlando Gomes, Silvio Rodrigues e Maria Helena Diniz.

2.3.7 Destino dos bens que caberiam ao deserdado

Filiamo-nos ao pensamento de ser pessoal os efeitos da deserdação. A punição não atinge pessoa diversa da do culpado. Desse modo, há direito de representação de seus descendentes ou, se eles não existirem, os bens são devolvidos aos herdeiros da classe seguinte.

2.3.8 Deserdação punitiva ou penal

Conceitua-se como punitiva ou penal a deserdação imposta mediante inserção de cláusula testamentária e que configure sanção ao herdeiro que pretende invalidar o testamento. A doutrina não a admite porque, em última análise, atentaria contra a liberdade do herdeiro. É a lição de Caio Mário da Silva Pereira: "no propósito de tornar inatacável o testamento, se o testador nele insere cláusula punindo com deserdação ou redução da reserva legal, o herdeiro que intente anulá-lo, deve considerar-se inválida tal disposição (...). Certo é, sem dúvida, que o herdeiro não pode ser privado do exercício de uma faculdade lícita, sob ameaça de perder a herança".[29] O referido autor considera-a válida quando o testador instituir a perda do que exceda legítima. Para Caio Mário da Silva Pereira se o testador pode "deixar ou não os bens ao herdeiro, lícito será, igualmente, retirá-los *sub conditione* do respeito à sua vontade".[30]

---

28. *Instituições de Direito Civil*, vol. VI, Rio de Janeiro, Forense, 2005, p. 238.
29. Idem, p. 237.
30. Idem, ibidem.

2.3.9 Deserdação bem intencionada

Consideram-se *deserdação bem intencionada* as cláusulas que restringem a liberdade de disposição dos bens da herança (inalienabilidade, incomunicabilidade e impenhorabilidade) com o propósito de proteger o herdeiro. É a posição do Direito alemão.[31]

2.3.10 Retratação da deserdação

A reconciliação do testador com o herdeiro deserdado não basta para cancelar a deserdação. Torna-se necessário que o testador o perdoe de modo expresso, o que pode se dar com a revogação do testamento.

2.3.11 Diferenças entre a deserdação e a indignidade

A deserdação guarda semelhança com a indignidade, mas dela difere. A indignidade priva da herança qualquer espécie de herdeiro, legítimo ou testamentário enquanto a deserdação priva exclusivamente o herdeiro necessário de sua legítima. Daí por que a privação de herdeiro não necessário (parentes colaterais) pode ser feita pela mera disposição do patrimônio pelo testador sem contemplá-los.

Ademais, o indigno tem a posse da herança, não se presume culpado enquanto o deserdado tem contra si uma causa expressa no testamento que, para alguns, o impede de assumir a posse dos bens da herança. Ele carece de título hereditário, que só lhe pertencerá se decorrer o prazo decadencial para a propositura da ação ou for declarada a ineficácia da cláusula testamentária. Publicado e apresentado o testamento, o imputado não pode portar-se como herdeiro.[32]

O deserdado adquire o domínio e a posse dos bens da herança com a abertura da sucessão, mas a publicação do testamento revela uma con-

---

31. Caio Mário da Silva Pereira, *Instituições de Direito Civil*, vol. VI, cit., p. 237, para quem "no Direito alemão, as cláusulas restritivas à liberdade de disposição dos bens da herança são consideradas uma *exheredatio bona mente*, porque privam o descendente de seus direitos parcialmente, mas no propósito de protegê-lo contra a sua prodigalidade, ou resguardá-lo se está sobrecarregado de dívidas".
32. Silvio de Salvo Venosa, *Direito Civil: Direito das Sucessões*, 3ª ed., São Paulo, Atlas, 2003, p. 234.

dição resolutiva da propriedade, que, se provada, acarretará, com efeitos retroativos, sua exclusão da sucessão.

A cláusula de deserdação torna litigiosa a herança atribuída ao herdeiro de modo que há a necessidade de preservar o acervo hereditário mediante entrega a um depositário judicial encarregado de custodiar a herança até o término em julgado da ação para destiná-lo ao vencedor da lide.[33]

---

33. Maria Helena Diniz, *Cursos de Direito Civil Brasileiro*, vol. 6, *Direito das Sucessões*, cit., p. 226.

Capítulo 3

DA HERANÇA JACENTE E DA SUCESSÃO DE AUSENTES

3.1 Conceito. 3.2 Pressupostos. 3.3 Finalidade. 3.4 Natureza jurídica da herança jacente. 3.5 Arrecadação da herança. 3.6 Declaração de vacância. 3.7 Sucessão de ausentes.

3.1 Conceito

Herança jacente é aquela cujos herdeiros não são ainda conhecidos. Trata-se da clássica definição dada por Clóvis Bevilaqua[1] e que retrata, apenas em parte, a problemática em torno da herança jacente. E isto porque o que acarreta o reconhecimento da qualidade de jacente à herança não é somente o desconhecimento dos herdeiros, mas, também, entre outras hipóteses, a renúncia dos herdeiros conhecidos, sem que existam outros aptos a herdar os bens. Maria Helena Diniz, apoiada na lição de Lafayete, define a herança como jacente quando não houver herdeiro, legítimo ou testamentário, notoriamente reconhecido, ou quando for repudiada pelas pessoas sucessíveis.[2]

3.2 Pressupostos

A herança é considerada jacente quando ocorre a delação, mas não existe, num primeiro momento, quem se intitule herdeiro. Os pressupostos da jacência são ou a inexistência de sucessores legítimos e testa-

---

1. *Direito das Sucessões*, Campinas, Red Livros, 2000, p. 92.
2. *Curso de Direito Civil*, vol. 6, *Direito das Sucessões*, 25ª ed., São Paulo, Saraiva, 2011, pp. 106-107.

mentários ou a existência deles, mas seguida da renúncia à herança. Além dessas hipóteses mais comuns de ocorrer, podem dar ensejo ao reconhecimento da herança como jacente o fato de o herdeiro estar concebido mas ainda não ter nascido com vida; a pessoa jurídica herdeira ainda não estar constituída; e o testamento não versar sobre a totalidade da herança, remanescendo quota não atribuída a ninguém.

3.3 Finalidade

A finalidade da jacência à vista da inexistência de herdeiro aparente e conhecido é evitar a ruína da herança, que sem ninguém para conservá-la e administrá-la poderia facilmente perecer. Na preciosa lição de Maria Helena Diniz, "o Estado, com o escopo de impedir o perecimento ou ruína da riqueza representada por aquele espólio, arrecada-o, para conservá-lo com o intuito de entregá-lo aos herdeiros legítimos ou testamentários que aparecerem e provarem sua qualidade de herdeiro, ou então para declará-lo vacante, se não se apresentar qualquer herdeiro, com o fim de transferi-lo para o patrimônio do poder público".[3]

3.4 Natureza jurídica da herança jacente

O fato de a herança jacente apresentar-se como um patrimônio sem titular atual, que deve ser administrado para ulterior devolução ao possível herdeiro ou ao Estado, suscitou inúmeras especulações a respeito da sua natureza jurídica, destacando-se aquelas que a consideram, a exemplo do direito romano, uma pessoa jurídica, ou, patrimônio autônomo, ou, ainda, um acervo de bens para fim certo. A herança jacente, segundo Washington de Barros Monteiro "não é pessoa jurídica nem patrimônio autônomo sem sujeito. Ela não passa de acervo de bens, de patrimônio especial, arrecadado por morte do *de cujus* e administrado pelo curador, sob fiscalização da autoridade judiciária, até que se habilitem os herdeiros, incertos ou desconhecidos, ou se declare por sentença a respectiva vacância".[4] Na lição de Maria Helena Diniz, "a herança jacente não goza de personalidade jurídica, por ser uma massa de bens identificada como núcleo unitário".[5]

3. *Curso de Direito Civil*, vol. 6, *Direito das Sucessões*, cit., p. 107.
4. *Curso de Direito Civil: Direito das Sucessões*, 35ª ed., São Paulo, Saraiva, 2003, p. 55.
5. *Curso de Direito Civil*, vol. 6, *Direito das Sucessões*, cit., p. 108.

3.5 Arrecadação da herança

A herança considerada jacente em razão de uma das hipóteses descritas no art. 1.819 do CC obriga o juiz, em cuja comarca tiver domicílio o falecido, a proceder à arrecadação de todos os bens (CPC, art. 1.142).

Uma vez arrecadados os bens, deve o juiz nomear um curador para que ele se encarregue de conservar e administrar os bens até futura entrega deles aos sucessores do falecido, que se habilitarem regularmente à herança, ou ao Município, ao Distrito Federal ou à União (conforme sua localização –v. CC, art. 1.822), após a declaração de vacância (CPC, art. 1.143).

Ao curador entre outros encargos cabe representar a herança em juízo ou fora dele, com a assistência do Ministério Público; guardar e conservar os bens; arrecadar outros bens porventura existentes; executar as medidas conservatórias dos direitos da herança; apresentar mensalmente ao juiz um balancete da receita e da despesa; prestar contas ao final de sua gestão (CPC, art. 1.144).

Concluída a arrecadação segundo o que prescreve os arts. 1.145 a 1.150 do CPC, deve o juiz publicar edital por três vezes com intervalo de 30 dias entre cada publicação para que os possíveis herdeiros do autor da herança possam se habilitar no prazo de seis meses contados da primeira publicação (CPC, art. 1.152).

Ocorrendo a habilitação de herdeiros haverá a conversão da arrecadação em inventário. Portanto, o surgimento de herdeiro reconhecido do *de cujus* suspende a arrecadação ou a impede (CPC, art. 1.153).

Inocorrendo a habilitação dos herdeiros, passado um ano da primeira publicação do edital, a herança será declarada vacante (CC, art. 1.820 e CPC, art. 1.157).

3.6 Declaração de vacância

A jacência é um estado transitório. Ela deve converter-se em inventário pela habilitação de herdeiros ou credores ou converter-se em declaração de vacância.

A habilitação do herdeiro para receber a herança consiste no reconhecimento de que alguém é herdeiro sucessível do autor da herança.

Trata-se de decisão a ser proferida pelo juiz, da qual cabe recurso, em solicitação feita pelo interessado, devidamente instruída com documentos que comprovem o alegado.

A declaração de vacância pode ser feita no caso de não habilitação de herdeiros, de habilitação denegada ou de renúncia de todos os herdeiros (CC, art. 1.823).

A declaração de vacância transfere para o Poder Público (Município, Distrito Federal ou União) o domínio da herança em razão da inexistência de herdeiros. A declaração de vacância significa que as diligências foram esgotadas sem que produzissem resultado e que os bens, não tendo senhor certo, aguardam o momento de serem incorporados definitivamente ao patrimônio público.[6]

Assim, enquanto a herança jacente é aquela ainda não reclamada por seus eventuais herdeiros, a herança vacante é aquela que não foi disputada, com êxito, por qualquer herdeiro e que, judicialmente, foi proclamada pertencer a ninguém.[7]

O Estado, ao contrário dos demais herdeiros, não se investe na posse e na propriedade dos bens deixados pelo autor da herança. Não se aplica ao Estado o direito da *saisine*. A investidura do Estado depende de sentença que declare vago os bens. A declaração de vacância não investe o Estado definitivamente na propriedade dos bens deixados pelo defunto e não afasta por completo as pretensões dos herdeiros de reclamarem a herança, exceto com relação aos colaterais (CC, art. 1.822, parágrafo único). A lei exige além da declaração de vacância o decurso do prazo de cinco anos contados da abertura da sucessão (CC, art. 1.822), sem que haja a reclamação da herança por credores ou por herdeiros por ação ordinária de petição de herança,[8] se já tiver transitado em julgado sentença que declarou a vacância, a ser proposta contra a pessoa jurídica de direito público interno no respectivo foro privativo.

---

6. Clóvis Bevilaqua, *Código Civil dos Estados Unidos do Brasil*, São Paulo, Francisco Alves, p. 780.

7. Antonio Carlos Marcato, *Procedimentos Especiais*, Belo Horizonte, Del Rey, p. 239.

8. Ação que assiste ao herdeiro, legítimo ou testamentário, que tenha sido excluído da sucessão, para haver o quinhão que lhe compete, com todos os frutos e acessões pertinentes aos bens que o constituem. Tem caráter reivindicatório sendo intentada contra o possuidor da herança.

A Fazenda Pública incorporará em seu patrimônio os bens vagos após o decurso do prazo de cinco anos contados da morte do autor da herança. Até a incorporação, o curador administrará os bens.[9]

A Fazenda Pública, ainda que decorrido o prazo de cinco anos da abertura da sucessão e após ter incorporado ao seu patrimônio os bens vagos, poderá ser acionada pelos interessados em ação própria, desde que não tenha ocorrido a prescrição ou a decadência do direito dos interessados. Parece-nos que prevalece o prazo prescricional previsto no Decreto 20.910, de 6.1.1932, art. 1º: todo e qualquer direito ou ação contra a Fazenda Pública, seja qual for a sua natureza, prescreve em cinco anos, contados da data do ato ou fato do qual se originar. Logo, o direito de reivindicar os bens incorporados prescreve cinco anos depois da declaração de vacância.

3.7 Sucessão de ausentes

O ausente por definição legal é aquele que desapareceu do seu domicílio sem dar notícias de seu paradeiro e sem deixar representante ou procurador que lhe administre os bens (CC, art. 22) ou, deixando, este não queira mais continuar o mandato ou o tenha recebido com poderes insuficientes (CC, art. 23 e CPC, art. 1.159).

O instituto da ausência pode ser dividido em três fases bem distintas, mas interligadas.

Na primeira fase, *a da curadoria dos bens do ausente*, há a arrecadação dos bens do ausente e a nomeação de um curador (CC, art. 24), normalmente o cônjuge, desde que não separado de fato ou judicialmente (CC, art. 25). Após a arrecadação dos bens publica-se edital a cada dois meses, durante um ano, anunciando a arrecadação e convocando o ausente a entrar na posse dos bens (CPC, art. 1.161). A curadoria cessa com o comparecimento pessoal ou do procurador do ausente ou com a comprovação da morte do ausente.

---

9. De acordo com Nelson Nery Júnior e Rosa Maria Andrade Nery, *Código de Processo Civil*, São Paulo, Ed. RT, p. 931, "com a declaração de vacância não cessa o múnus do curador nomeado, apesar da letra do CPC 1.143 sugerir essa interpretação. O dever do curador só cessará com a transmissão do domínio, cinco anos após a abertura da sucessão (CC 1.594). Tanto isto é verdade que o CPC 12, IV, fala que o curador representa a herança jacente e vacante".

Se nenhuma das hipóteses ocorrer passa-se à segunda fase, *a da sucessão provisória*. Decorrido um ano da arrecadação dos bens do ausente, os interessados (CC, art. 26) descritos no art. 27 do CC poderão pedir a abertura da sucessão provisória, que será declarada por sentença após o reconhecimento da ausência. Aberta a sucessão realizar-se-á o inventário e a partilha dos bens, como se o ausente fosse o falecido. Os herdeiros são imitidos provisoriamente na posse dos bens e por isso devem dar garantias de restituição dos bens (CC, art. 30).

Dar-se-á a sucessão definitiva havendo certeza da morte do ausentes ou decorridos 10 anos depois de passada em julgado a sentença de abertura da sucessão provisória (CC, art. 37) ou, ainda, quando o ausente contar 80 anos de idade e houverem decorrido cinco anos das últimas notícias (CC, art. 38; CPC, art. 1.167, III).

A sucessão definitiva tornar-se-á irreversível quando decorridos mais de dez anos seguintes à abertura da sucessão definitiva (CC, art. 39, parágrafo único). Durante o decurso desse prazo, o ausente pode reaver os bens existentes no estado em que se acharem os sub-rogados em seu lugar ou o preço recebido pela alienação deles (CC, art. 39; CPC, art. 1.168).

Somente depois do decurso do prazo de dez anos contados da abertura da sucessão definitiva é que o Município ou o Distrito Federal incorporará os bens arrecadados ao seu patrimônio (CC, art. 39, parágrafo único).

Capítulo 4
PETIÇÃO DE HERANÇA

4.1 Conceito. 4.2 Sujeito ativo: 4.2.1 Titular de uma vocação eventual. 4.3 Sujeito passivo. 4.4 Natureza jurídica. 4.5 Prescrição. 4.6 Herdeiro aparente: 4.6.1 Espécies de herdeiro aparente – 4.6.2 Herdeiro aparente e terceiro.

4.1 Conceito

A petição de herança pode ser definida como a ação judicial mediante a qual alguém requer o reconhecimento da qualidade de herdeiro e reivindica o seu quinhão na herança ou a totalidade dela de quem a possua como herdeiro (*pro herede*) ou a qualquer título (*pro possessores*). De acordo com Clóvis Bevilaqua, cuida-se de "uma ação real universal, tendo por fim fazer reconhecida a qualidade de herdeiro alegada pelo autor, e entregar-lhe os bens da herança no todo ou em parte, com os seus acessórios e rendimentos, desde a morte do *de cujus*".[1]

O Código Civil, no art. 1.824, em síntese, define-a como ação pela qual o herdeiro demanda o reconhecimento do seu direito para obter a restituição da herança, ou de parte dela, contra quem a possui, na qualidade de herdeiro, ou mesmo sem título. Portanto, a petição de herança busca atingir dois propósitos: o reconhecimento da condição de herdeiro e o recolhimento da parte que lhe cabe na herança. De acordo com a lição de Orlando Gomes, "não a propõe o interessado unicamente no propósito de ter reconhecida sua condição de herdeiro, mas, também, para obter a restituição de todos os bens da herança, ou de parte deles".[2]

---

1. *Direito das Sucessões*, Campinas, Red Livros, 2000, p. 95.
2. *Sucessões*, 6ª ed., Rio de Janeiro, Forense, 1996, p. 266.

4.2 Sujeito ativo

A pessoa legitimada a propor a ação de petição de herança deve revestir a qualidade de herdeiro ou atribuir-se essa qualidade. No primeiro caso, o autor da herança é reconhecidamente herdeiro; não há dúvida disso. É a hipótese do filho reconhecido do autor da herança, cuja existência era ignorada pelos demais herdeiros. No segundo caso, o autor da ação ainda não tem título jurídico que lhe reconheça a qualidade de herdeiro, mas ele atribui-se essa qualidade, que precisará ser ainda reconhecida. Nessa hipótese há uma cumulação objetiva de demandas: a de reconhecimento da qualidade de herdeiro e a petição de herança, como a que ocorre com a ação de investigação de paternidade e a ação de alimentos. Nesta hipótese o reconhecimento do estado é premissa da petição de herança.

4.2.1 Titular de uma vocação eventual

O herdeiro pode ser legítimo ou testamentário. No caso de herdeiro legítimo há a regra de que o herdeiro localizado na classe mais próxima exclui o herdeiro da classe mais remota, o que levanta a dúvida se o autor da ação deve, necessariamente, ser o titular de uma vocação atual, isto é, estar incluído na classe mais próxima a herdar ou se será possível a ele, mesmo sendo titular de uma vocação eventual, integrante de uma classe mais remota, propor a ação. Caio Mário da Silva Pereira enfrenta a questão. Para ele, "somente o herdeiro mais próximo, isto é, aquele a quem os bens devem caber, tem ação de petição de herança. Intentada por outro, deverá ser repelido pela *exceptio proximoris heredis*, pois que a ninguém é lícito compelir alguém a demandar, e o autor não tem ação para postular direitos alheios".[3] Contra, a opinião de Eduardo A. Zannoni para quem a lei legitima a propor a ação o titular de uma vocação eventual, quer dizer não atualizada pela renúncia ou morte de quem goza de vocação atual, quando o titular de vocação atual permanece inerte.[4]

---

3. *Instituições de Direito Civil*, vol. VI, *Direito das Sucessões*, 15ª ed., Rio de Janeiro, Forense, 2005, p. 54.
4. *Manual de Derecho de las Sucesiones*, vol. I, 4ª ed., Buenos Aires, Astrea, 2003, p. 460.

O reconhecimento da legitimidade para agir do herdeiro eventual pode ser explicado no caso em que a ação de petição de herança seja proposta contra quem não tenha nenhum direito à herança, como no caso do direito brasileiro, de modo que entre o terceiro e o herdeiro eventual devemos reconhecer preferência ao herdeiro eventual.

4.3 *Sujeito passivo*

Pode ser réu na ação de petição de herança o titular de direito hereditário (*pro herede*) ou terceiro que não revista essa qualidade (*pro possessores*). É a regra do art. 1.824 do CC. Nesse sentido a lição de Orlando Gomes: "legitimado passivamente é o possuidor dos bens hereditários com o título de herdeiro, ou mesmo a outro título".[5] Em sentido contrário a opinião de Caio Mário da Silva Pereira, externada antes do advento do Código Civil de 2002, para quem "a *petitio hereditatis* deve intentar-se contra o possuidor *pro herede*, não tendo cabida contra um possuidor ordinário, que detenha os bens da herança a outro título, pois neste último caso a ação idônea será a reivindicatória".[6]

4.4 *Natureza jurídica*

A natureza jurídica da ação de petição de herança é controvertida.

Há quem a considere próxima da ação de reivindicação, como Caio Mário da Silva Pereira, dela diferindo pelo fato de a ação reivindicatória visar à recuperação de uma coisa determinada enquanto a de petição de herança objetivar o reconhecimento da qualidade de herdeiro com a atribuição do acervo como um todo ou fração do todo.[7]

Há quem a diferencie da ação reivindicatória, como Orlando Gomes, porque a ação reivindicatória tem por objeto o reconhecimento do direito de propriedade sobre determinada coisa, enquanto a ação de petição de herança visa ao reconhecimento da qualidade de herdeiro, da qual pode derivar o reconhecimento de um direito de propriedade, de outro direito real, de um direito de crédito ou de outro direito pessoal ou

5. *Sucessões*, cit., p. 267.
6. *Instituições de Direito Civil*, vol. VI, 1ª ed., cit., p. 54.
7. Idem, p. 55.

porque na reivindicatória o autor deve provar que adquiriu a propriedade e a houve de quem era proprietário, enquanto na petição de herança o autor deve provar unicamente a sua qualidade de herdeiro.[8]

Há quem a considere uma ação típica do direito das sucessões difícil de ser enquadrada no catálogo de ações que tutelam o exercício de direitos pessoais ou reais a título singular, quando a relação jurídica sucessória tem por objeto a herança como unidade patrimonial de caráter universal. Com efeito, embora a petição de herança tenha por consequência vindicar direitos subjetivos, ela não se fundamenta no direito subjetivo concreto, vindicado, mas sim no ingresso do autor no conjunto de relações transmitidas pelo *de cujus*. A discussão versa unicamente sobre se o novo titular do patrimônio é ou não o autor da ação.[9]

4.5 Prescrição

A ação de petição de herança, no seu aspecto econômico, prescreve no prazo máximo fixado em lei, isto é, 20 anos no Código Civil de 1916 e 10 anos no Código Civil de 2002. O aspecto pessoal da petição de herança, relativo ao estado, isto é, a reivindicação da qualidade de herdeiro, é imprescritível.

4.6 Herdeiro aparente

Conceitua-se o herdeiro aparente como a pessoa que, na posse da herança, aparenta ser o legítimo titular do direito à herança. É a pessoa considerada pelas outras como verdadeiro herdeiro, embora não o seja. De acordo com Mário Moacyr Porto, "é o que não sendo o titular de direitos sucessórios é tido, entretanto, como o legítimo proprietário da herança, em consequência de erro invencível e comum".[10] E ele não é considerado herdeiro por que foi declarado indigno; houve anulação do testamento que o instituiu como herdeiro; foi descoberto outro testamento, celebrado posteriormente, em que ele não foi contemplado ou, por último, por ter sido reconhecido a outro o título de herdeiro, com

---

8. *Sucessões*, cit., p. 266.
9. Eduardo A. Zannoni, *Manual de Derecho de las Sucesiones*, cit., p. 471.
10. *Apud* Silvio de Salvo Venosa, *Direito Civil: Direito das Sucessões*, 3ª ed., São Paulo, Atlas, 2003, p. 71.

preterição ao seu nome.[11] Em todos os casos a pessoa tida como herdeira vê afastada por sentença judicial essa aparência de herdeiro que recaía sobre ela, reconhecendo-a em outras pessoas, de regra, exceto no primeiro caso, ao autor da ação.

4.6.1 Espécies de herdeiro aparente

O herdeiro aparente, isto é, aquele que não é herdeiro, mas aos outros parece ser herdeiro, pode estar de boa ou má-fé. Ele estará de boa-fé se ignorar o motivo que o impede de ser herdeiro ou, em outras palavras, se crê ardorosamente que é realmente herdeiro do *de cujus*. Na preciosa lição de Orlando Gomes, "é possuidor de boa-fé se houver adquirido a posse na convicção por erro escusável, de ser o verdadeiro herdeiro".[12] O erro inescusável, o que é fruto de culpa grave, não autoriza reconhecer boa-fé ao herdeiro. Portanto, o herdeiro estará de má-fé, se, como dito, acreditou nessa qualidade de forma absolutamente negligente ou se tinha conhecimento que não podia ostentar a qualidade de herdeiro.

A diferença entre a boa ou a má-fé do herdeiro aparente é que o primeiro não está obrigado a restituir os frutos percebidos e deverá devolver os bens que possua ou o preço daqueles que houver alienado enquanto que o segundo deverá restituir os frutos percebidos, devolver os bens que possua ou o preço daqueles que houver alienado, bem como arcar, ainda, com as perdas e danos.[13]

4.6.2 Herdeiro aparente e terceiro

A alienação onerosa do bem pelo herdeiro aparente a um terceiro que esteja de boa-fé, isto é, que ignore a qualidade de herdeiro aparente do alienante, é válida e produzirá o efeito de transferir a propriedade, pouco importando a boa ou a má-fé do herdeiro aparente. Isso já não ocorrerá no caso de alienação gratuita, pois nessa hipótese a restituição pelo terceiro, ainda que de boa-fé, não lhe trará prejuízo algum.

---

11. Orlando Gomes, *Sucessões*, cit., p. 268.
12. Idem, ibidem, p. 269.
13. Nesse sentido, Orlando Gomes, *Sucessões*, cit., p. 269.

Portanto, na relação entre herdeiro aparente e terceiro adquirente protege-se a boa-fé do terceiro adquirente, sendo válida a aquisição desde que reunidos os seguintes requisitos: aquisição de herdeiro aparente por título oneroso e com boa-fé.[14]

Essa proteção ao terceiro adquirente de boa-fé a título oneroso ocorre mesmo quando o herdeiro aparente não tenha título de herdeiro, bastando que ele se comporte como tal, ingressando na posse dos bens hereditários e praticando atos de gestão do patrimônio. É a lição de Orlando Gomes: "a proteção à boa-fé do terceiro adquirente leva a considerar-se *herdeiro aparente* não apenas quem se apresente com o título de herdeiro, mas, igualmente, quem, sem título, se comporta como se o fora, investindo-se na posse dos bens hereditários, pagando tributos, fazendo despesas e assim por diante".[15]

---

14. Idem, ibidem, p. 270.
15. Idem, ibidem, p. 271.

Capítulo 5
SUCESSÃO LEGÍTIMA

> 5.1 Conceito: 5.1.1 Hipóteses de ocorrência – 5.1.2 Ordem de vocação hereditária: 5.1.2.1 Regras que disciplinam essa ordem – 5.1.3 Espécies de vocação – 5.1.4 Modos de partilhar a herança: 5.1.4.1 Nexo entre o modo de suceder e o modo de partilhar a herança. 5.2 Herdeiro legítimo: 5.2.1 Conceito – 5.2.2 Classificação dos herdeiros legítimos – 5.2.3 Consequências da existência dos herdeiros necessários – 5.2.4 Restrições sobre a legítima. 5.3 Direito de representação: 5.3.1 Pressupostos do direito de representação – 5.3.2 Efeitos.

Há duas espécies de sucessão. A sucessão testamentária que deriva de disposição de última vontade do autor da herança, retratada por um negócio jurídico unilateral denominado testamento, e a sucessão não testamentária (*ab intestato*), na qual a pessoa falece sem dispor por testamento dos seus bens, de modo que a instituição de herdeiros decorre do que dispuser a lei, a sua fonte imediata, chamada de sucessão legítima ou legal.

5.1 Conceito

Sucessão legítima é aquela regulada pela lei. É a sucessão deferida e reconhecida a alguém por determinação legal, em atenção ao vínculo familiar (parentesco, sociedade conjugal ou convivência) ou, na falta deste, ao vínculo político, existente entre o sucedendo e o sucessor, no caso da transmissão dos bens operarem-se em favor de pessoa jurídica de direito público interno com capacidade política (Municípios, Distrito Federal, União).

5.1.1 Hipóteses de ocorrência

São várias as hipóteses que podem desencadear a ocorrência da sucessão legítima ou legal.

Na primeira, o falecido não dispôs de todos os seus bens em testamento. Desta forma, para os bens não distribuídos por testamento haverá a necessidade de convocar a sucedê-los os que foram contemplados como herdeiros pela lei.

Na segunda, o falecido dispôs dos bens em testamento, mas existem herdeiros necessários, que têm por lei o direito de recolher parte dos bens. Aqui há duas possibilidades: a) o falecido dispôs por testamento apenas de sua parte disponível, reservada a legítima aos herdeiros necessários, de modo que coexistirão a sucessão testamentária e a sucessão legítima; b) o falecido dispôs de todos os seus bens, não reservada aos herdeiros necessários a denominada legítima. Haverá necessidade de reduzir a disposição dos bens feita por testamento de modo a preservar a legítima em favor dos herdeiros necessários.

Na terceira, o falecido dispôs dos bens em testamento, mas este caduca ou é declarado inválido de forma a fazer incidir as regras da sucessão legítima na transmissão dos bens.

A *sucessão legítima* poderá ser *total*, quando absorver a totalidade da herança ou *parcial*, quando absorver parte da herança.

5.1.2 Ordem de vocação hereditária

Os herdeiros legítimos são os indicados na lei por ordem de vocação (chamada) que segue o critério da proximidade do vínculo familiar e do vínculo político enumerado no art. 1.829 do CC.

O art. 1.829 do CC estabelece uma ordem de vocação hereditária, isto é, uma sequência de pessoas chamadas a suceder o morto, sendo que entre elas é estabelecida uma ordem de preferência. Este artigo distribui os herdeiros em classes preferenciais, concorrentes ou excludentes.

A ordem de vocação hereditária configura um chamamento virtual que outorga às pessoas designadas um título ou um fundamento hereditário que as habilita a reclamar a herança.

Há três ordens de herdeiros: parentes, cônjuges, companheiros e Estado.

Entre os parentes as classes são: descendentes, ascendentes e colaterais até o quarto grau.

Entre os parentes, o grau de parentesco, na linha reta ou colateral, com o autor da herança influi na ordem de chamada. Há uma *hierarquia* de classes, pois a existência de herdeiro de classe mais próxima exclui, como regra, o herdeiro de classe mais remota.

O fundamento para essa ordem de preferência é a vontade presumida do autor da herança. Costuma-se dizer que o amor primeiro desce, depois sobe e em seguida dilata-se.[1]

O cônjuge e o convivente também foram instituídos herdeiros legítimos. Ambos participam da sucessão do autor da herança, presentes determinados pressupostos, em *concurso* com outros herdeiros (descendentes e ascendentes) e *exclusivamente*, na falta de descendentes e ascendentes para o cônjuge (CC, art. 1.829, III), e na falta de parentes colaterais até o quarto grau para o convivente (CC, art. 1.790, IV).

A qualificação do convivente como herdeiro legítimo é controvertida. Há autores que não o consideram herdeiro legítimo porque não arrolado no art. 1.829 do CC, mas o qualificam como herdeiro *sui generis*. Penso que interpretação sistemática com o art. 1.790 do CC permite qualificá-lo herdeiro legítimo, especialmente porque será nula qualquer disposição testamentária do outro convivente no sentido de excluí-lo dos direitos reconhecidos no referido artigo.

O Estado por sua vez só será chamado a participar da sucessão se não houver parentes até o quarto grau dispostos a recolher a herança.

Às vezes essa ordem não é respeitada. Há *exceções* à regra da ordem de sucessão, chamadas também de sucessão irregular ou anômala cujas modalidades são: a) sucessão de bens no Brasil de estrangeiro(a) casado com brasileira(o) ou com filhos brasileiros, caso em que há a possibilidade de aplicação da lei do país do autor da herança se for mais favorável ao cônjuge supérstite, como a mexicana que permite a con-

---

1. Maria Helena Diniz, *Curso de Direito Civil Brasileiro*, vol. 6, *Direito das Sucessões*, 25ª ed., São Paulo, Saraiva, 2011, p. 78.

corrência do cônjuge supérstite com os ascendentes, impondo a repartição ao meio da herança; b) deferimento aos dependentes habilitados perante a Previdência Social e não aos sucessores das: 1) verbas trabalhistas; 2) saldos das contas do FGTS e do PIS-PASEP; 3) restituição do Imposto de Renda; 4) saldos das contas bancárias, cadernetas de poupança e contas de fundos de investimento, de pequeno valor e desde que não existam na sucessão outros bens sujeitos a inventário (CPC, art. 1.037); c) indenização decorrente do seguro obrigatório de veículos por falecimento de pessoas em acidente a ser paga ao cônjuge ou companheiro sobrevivente.

5.1.2.1 Regras que disciplinam essa ordem

A ordem de vocação obedece a algumas regras.

A ordem de vocação pode ser excludente, como ocorre entre a classe dos parentes (ascendentes, descendentes e colaterais até o quarto grau). Nesse caso uma classe só é chamada quando faltam herdeiros na classe precedente. Os herdeiros de uma classe preferem aos das classes imediatas.

Na mesma classe os parentes mais próximos excluem os parentes mais remotos, salvo o direito de representação. Dentro da mesma ordem dos parentes, a preferência se estabelece pelo grau de parentesco. Os parentes de grau mais próximo excluem os parentes de grau mais remoto.

O parentesco pode ser consanguíneo (decorre da filiação biológica) ou civil (adoção).

A intensidade do vínculo é estabelecida pela linha e pelos graus. A linha pode ser reta ou direta quando um descende diretamente do outro ou colateral quando as pessoas não descendem uma das outras, mas têm em comum um antepassado.

Na linha transversal a proximidade do parentesco verifica-se pela contagem de graus. Cada grau representa uma geração. No parentesco colateral a contagem é feita da seguinte forma: contam-se as gerações de um até o ascendente comum e deste até o outro parente. Assim, irmãos são parentes em segundo grau; tio e sobrinho são parentes em terceiro grau e primos são parentes em quarto grau.

O parentesco por afinidade é irrelevante no direito sucessório. Os parentes por afinidade não são chamados a suceder.[2]

A ordem de vocação pode ser concorrente, como no caso do cônjuge e do convivente. Nesse caso, cônjuge e convivente irão concorrer com os demais parentes herdeiros do autor da herança, sendo reservada a eles, por lei, uma participação na herança.

No caso do cônjuge, a concorrência na sucessão pressupõe: a) que o cônjuge sobreviva ao autor da herança; b) que o cônjuge coabitasse com o autor da herança ao tempo da morte ou que a falta de coabitação não possa ser culposamente imputada a ele (CC, art. 1.830, segunda parte); c) que ele fosse casado no regime da separação convencional de bens ou no regime da comunhão parcial, mas que o autor da herança tenha deixado bens particulares (CC, art. 1.829, I). Portanto, não concorre à sucessão o cônjuge casado no regime da comunhão universal de bens, no regime da separação legal de bens ou no regime da comunhão parcial sem a deixa de bens particulares.

O concurso na herança entre descendentes e o cônjuge se dá pela entrega ao cônjuge de um quinhão igual ao dos descendentes que herdem por cabeça (direito próprio) não inferior à quarta parte da herança, se ele for ascendente dos herdeiros com quem concorrer (ex.: mãe dos filhos herdeiros).

O concurso na herança entre ascendentes e o cônjuge se dá pela entrega ao cônjuge de um terço da herança caso concorra com ascendentes em primeiro grau (pai *e* mãe) e pela entrega de metade da herança caso concorra com um ascendente em primeiro grau (pai *ou* mãe) ou ascendente de segundo ou maior grau (avós) (CC, art. 1.837).

No caso do companheiro, o concurso pressupõe além da sobrevivência e da convivência a existência de bens adquiridos onerosamente na vigência da união estável, de modo que o concurso dar-se-á tão somente em relação a esses bens adquiridos onerosamente na vigência da união estável e não em relação a outros bens. É o que propõe a intelecção do art. 1.790 do CC.

Desta forma, concorrendo com filhos comuns, o companheiro herdará o equivalente a que for atribuído a eles quanto aos bens adquiridos

---

2. V. nosso *Direito Civil 4 – Direito de Família*, São Paulo, Malheiros Editores, 2011.

onerosamente na vigência da união estável. Concorrendo com descendentes só do autor da herança, herdará metade do que for atribuído a eles quanto aos bens adquiridos onerosamente na vigência da união estável. Concorrendo com outros parentes sucessíveis, terá direito a um terço dos bens adquiridos onerosamente na vigência da união estável (CC, art. 1.790).

5.1.3 Espécies de vocação

A vocação ou o chamamento podem ser diretos e nesse caso o herdeiro herda por direito próprio.

A vocação ou o chamamento podem ser indiretos e nesse caso o herdeiro herda por direito alheio; ele é chamado para ocupar o lugar de quem deveria suceder.

Desta forma temos os modos de suceder que podem ser por direito próprio (*jure próprio*), quando se pertence à classe chamada à sucessão e por direito de representação (*jure representationis*), quando se toma o lugar do herdeiro pertencente à classe chamada à sucessão, no momento de sua abertura.

Há ainda a possibilidade de suceder por direito de transmissão (*jure transmissionis*), hipótese em que se substitui o herdeiro pertencente à classe chamada à sucessão, depois de sua abertura.

5.1.4 Modos de partilhar a herança

As espécies de modo de suceder repercutem na forma de partilhar os bens.

Há a partilha por cabeça (*in capita*), caso em que ela é feita em partes iguais entre herdeiros da mesma classe.

Há a partilha por estirpe (*in stirpes*), caso em que ela é feita em relação aos herdeiros que sucedem por direito de representação, ou de transmissão, de modo que os herdeiros chamados para substituir o herdeiro pré-morto herdam a parte que originariamente caberia àquele.

A partilha pode ser por linhas (*in lineas*), caso em que ela é feita entre herdeiros da mesma classe, dividindo-se a herança ao meio, se chamados à sucessão os ascendentes paternos e os maternos.

5.1.4.1 Nexo entre o modo de suceder e o modo de partilhar a herança

Para os que *sucedem por direito próprio*, a partilha pode ser por cabeça ou por linha.

A sucessão por direito próprio ocorre quando, no momento da abertura, concorram unicamente herdeiros do mesmo grau de parentesco, quer na classe dos descendentes, quer na classe dos colaterais. Mesma classe de sucessíveis, mesmo grau de parentesco, sucessão por direito próprio e partilha por cabeça.

Altera-se essa regra quando concorrem à herança os ascendentes do autor da herança a ele vinculado pelo mesmo grau de parentesco, caso em que a partilha faz-se por linhas, dividindo-se a herança em duas partes iguais entre o ascendente paterno e o materno. Se o grau de parentesco for diverso entre os ascendentes, o mais próximo herdará a herança por inexistir entre os ascendentes o direito de representação (v. item 5.3 neste capítulo).

Para os que *sucedem por direito de representação*, a partilha é necessariamente por estirpe.

Há desigualdade de graus de parentesco no momento da abertura. Dá-se na linha reta descendente e colateral. É conferido aos netos e aos filhos de irmão. Os bens são partilhados de forma desigual. Os que sucedem por direito de representação formam uma cabeça, seja qual for seu número.

Para os que *sucedem por direito de transmissão*, a partilha pode ser por estirpe ou por linhas.

Os herdeiros do pós-morto recolhem a parte que lhes coube na herança, como uma cabeça, estejam ou não em igualdade de parentesco. Se os chamados forem os ascendentes, partilha-se por linhas sua quota-parte.

5.2 Herdeiro legítimo

5.2.1 Conceito

O herdeiro legítimo é a pessoa indicada na lei como o sucessor do autor da herança nos casos de sucessão legal, de modo que a ele se transmite a totalidade ou quota-parte da herança.

O *contraponto* do herdeiro legítimo é o herdeiro testamentário que é o sucessor a título universal nomeado em testamento.

5.2.2 Classificação dos herdeiros legítimos

Os herdeiros legítimos classificam-se em necessários, legitimários ou reservatários ou legítimos facultativos.

O *herdeiro legítimo necessário* é o herdeiro com direito a uma quota-parte da herança da qual, como regra, não pode ser privado. A parte a ele reservada denomina-se *legítima*. No direito brasileiro são herdeiros legítimos necessários os descendentes, os ascendentes e o cônjuge (CC, art. 1.845).

Aos herdeiros legítimos necessários pertence por lei metade dos bens da herança, denominada legítima (CC, art. 1.846).

A legítima configura uma reserva legal de bens em favor de determinadas classes de herdeiros legítimos. O modo de calculá-la é simples e expresso (CC, art. 1.847). A base de cálculo é o valor dos bens existentes na abertura da sucessão, menos as dívidas e as despesas do funeral. Divide-se o patrimônio disponível em dois e ao resultado (que é a metade) adiciona-se o valor dos bens sujeitos a colação, isto é, conferidos em vida aos herdeiros necessários com a obrigação de computá-los no futuro por ocasião da abertura da sucessão.

O *herdeiro legítimo facultativo* é o parente com direito a uma quota-parte da herança se dela não for excluído por ato de última vontade do falecido (CC, art. 1.850). Isto é, para ser excluído da sucessão basta que o autor da herança distribua a totalidade dos bens por testamento. Os parentes colaterais até o quarto grau são herdeiros legítimos facultativos.

5.2.3 Consequências da existência de herdeiros necessários

Temos, portanto, que o patrimônio do autor da herança é constituído de duas partes. A legítima e a parte disponível. Apenas a parte disponível poderá ser afetada por testamento. A existência de herdeiros necessários impede que o autor da herança disponha por testamento dos bens que constituem a legítima ou a reserva instituída em favor dos herdeiros necessários.

5.2.4 Restrições sobre a legítima

Admite o ordenamento jurídico que o autor da herança estabeleça restrições sobre os bens que compõem a legítima. Estas restrições constituídas por testamento mediante a aposição de cláusulas impedem a alienação, a penhora e a comunicação dos bens recebidos em herança. São as denominadas cláusulas de inalienabilidade, impenhorabilidade e incomunicabilidade.

Para tanto, o autor da herança, como dito, em testamento, ao instituir as referidas cláusulas, deverá justificá-las, sendo que a justificativa deverá ser plausível e razoável, enquadrando-se no conceito jurídico indeterminado de "justa causa", previsto no art. 1.848 do CC e que constitui fonte de incertezas e litígios.

O Código Civil ficou no meio termo entre permitir livremente a instituição dessas restrições, como fazia o Código Civil de 1916, no art. 1.723, e proibi-las, como pretendia o jurista Miguel Reale.

Entre as restrições, o Código Civil *não mais permite a instituição de cláusula de conversão dos bens da legítima* em outros bens de espécie diversa, admitida no Código Civil de 1916, mas negada no Código Civil de 2002 (CC, art. 1.848, § 1º).

As *restrições* ao poder de dispor instituídas por testamento *podem ser levantadas* se houver também justa causa. Admite-o o Código, no art. 1.848, § 2º. Exige, no entanto, que seja precedida de autorização judicial e que o produto da venda seja convertido em outros bens que ficarão gravados com as restrições. Cuida-se de medida salutar que impede o desinteresse do proprietário-herdeiro em manter bens cuja conservação seja extremamente dispendiosa ou que corram o risco de desvalorizar-se.

5.3 Direito de representação

O direito de representação previsto nos arts. 1.851 a 1.856 do CC é um mecanismo pelo qual se opera a *vocação indireta* na sucessão legítima. Por intermédio dele chama-se a suceder o descendente de herdeiro pré-morto ou indigno para lhe tomar o lugar como se tivesse o mesmo grau de parentesco dos outros chamados (CC, art. 1.851).

O direito de representação é restrito à sucessão legal (CC, art. 1.851).

Cabe apenas na falta de um parente da classe dos descendentes e, limitadamente, na classe dos colaterais. Não se admite o direito de representação na classe dos ascendentes (CC, art. 1.852).

Não se confunde com o direito de transmissão.

O seu fundamento é a correção do absurdo que deriva da rigorosa aplicação da regra de que o parente mais próximo exclui o parente mais afastado no caso em que a pré-morte de um dos herdeiros perturbe o mecanismo normal da sucessão.

5.3.1 Pressupostos do direito de representação

O direito de representação pressupõe *sucessão legal*. Ele não cabe, como visto, na sucessão testamentária.

O direito de representação pressupõe a *impossibilidade de ser chamado à sucessão aquele que deveria suceder*. As causas do direito de representação são a pré-morte (causa mais comum); a indignidade e a deserdação por aplicação analógica.

A renúncia é uma causa que não leva ao direito de representação. Nesse caso, os herdeiros do renunciante não herdam por direito de representação. Eles, contudo, poderão participar da herança nas seguintes hipóteses: o renunciante é o único legítimo de sua classe; todos os outros herdeiros da mesma classe renunciam à herança.

O herdeiro chamado a herdar por representação, isto é, o chamado a tomar o lugar do herdeiro pré-morto há de ser seu filho ou neto (descendente). Como visto acima, o direito de representação não ocorre na linha reta ascendente. Na linha transversal, o direito de representação ocorre unicamente em favor dos filhos do irmão do falecido, quando eles concorrerem com irmão deste.

5.3.2 Efeitos

O direito de representação atribui a pessoas que não sucederiam, pela existência de sucessíveis pré-chamados, o direito de suceder, em substituição a um desses herdeiros.

Capítulo 6
SUCESSÃO DO CÔNJUGE, CONVIVENTE, PARENTES E DO ESTADO

6.1 Sucessão do cônjuge: 6 1.1 Extensão do direito sucessório do cônjuge – 6.1.2 Herdeiro necessário – 6.1.3 Pressupostos da sucessão do cônjuge: 6.1.3.1 Pressupostos comuns – 6.1.3.2 Pressupostos específicos – 6.1.4 Sucessão por concorrência: 6.1.4.1 Regras de concurso com descendentes – 6.1.4.2 Regras de concurso com ascendentes – 6.1.5 Sucessão com exclusividade – 6.1.6 Sucessão no direito real de habitação. 6.2 Sucessão do convivente: 6.2.1 Considerações gerais – 6.2.2 Sucessão do convivente no Código Civil. 6.3 Sucessão dos parentes: 6.3.1 Sucessão em linha reta – 6.3.2 Sucessão dos descendentes – 6.3.3 Critérios de atribuição da herança – 6.3.4 Sucessão dos ascendentes – 6.3.5 Sucessão dos parentes colaterais. 6.4 Sucessão do Poder Público.

6.1 Sucessão do cônjuge

O cônjuge pode herdar exclusivamente ou em concorrência com ascendentes e descendentes, desde que presentes alguns requisitos. Assim, ele herdará por inteiro na sucessão exclusiva (CC, art. 1.838) e herdará parte na sucessão concorrente.

6.1.1 Extensão do direito sucessório do cônjuge

O direito sucessório do cônjuge é variável. Sucede por concorrência ou por exclusividade, observada a ordem de preferência estabelecida na vocação hereditária.

No caso de vocação exclusiva, o cônjuge encontra-se no terceiro lugar da ordem de sucessão, isto é, ele herda na ausência de descendente e ascendente (CC, art. 1.838).

Nem sempre foi assim. O direito anterior ao Código Civil de 1916 o colocava em quarto lugar, após os parentes colaterais. A alteração foi promovida em 31.12.1907 pela Lei 1.839, conhecida como Lei Feliciano Pena.

6.1.2 Herdeiro necessário

O cônjuge não era considerado herdeiro necessário pelo Código Civil de 1916; passou a ser considerado herdeiro necessário pelo Código Civil de 2002 e, com isso, não pode mais ser excluído da sucessão por disposição testamentária do autor da herança que atribua a totalidade do patrimônio a favor de terceiros.

O Código Civil de 2002 garantiu ao cônjuge posição de igualdade e, por vezes, de primazia em relação aos descendentes e aos ascendentes. Em contrapartida, revogou os direitos reais de uso ou de usufruto atribuídos por lei e manteve apenas o direito real de habitação sobre a residência familiar, se este for o único bem com esta finalidade, com o propósito de não expor o cônjuge ao desamparo no caso de estabelecimento de condomínio com demais herdeiros do *de cujus*.

6.1.3 Pressupostos da sucessão do cônjuge

6.1.3.1 Pressupostos comuns

Existem alguns pressupostos que devem ser observados.

O cônjuge deve ter contraído casamento válido. O casamento nulo autoriza a sucessão do cônjuge, apenas se for considerado putativo.

A sociedade conjugal deve existir ao tempo da abertura da sucessão o que implica que os cônjuges, no momento da abertura da sucessão, não estejam separados judicialmente ou de fato. A separação de fato resulta na perda do direito sucessório entre os cônjuges. Segundo o art. 1.830 do CC, somente é reconhecido direito sucessório ao cônjuge sobrevivente se, ao tempo da morte do outro, não estavam separados judicialmente, nem separados de fato há mais de dois anos, salvo prova, neste caso, de que a convivência tornara-se impossível sem culpa do sobrevivente. Assim, mesmo que o casal esteja separado de fato há mais de dois anos na data do óbito do hereditando, poderá o cônjuge sobrevivente ser chamado à sucessão se provar que a convivência conjugal tornou-se impossível sem culpa sua, isto é, o responsável pela separação de fato foi o *de cujus*.¹ Portanto, a separação de fato há mais de dois anos deixa de ser óbice à aquisição de capacidade sucessória do cônjuge sobrevivente se ele não tiver sido o responsável pela separação.

6.1.3.2 Pressupostos específicos

O Código Civil de 2002 enumerou pressupostos específicos de modalidade de sucessão do cônjuge, denominada sucessão concorrente, pelo fato de o cônjuge sobrevivente ser chamado a concorrer com descendentes, pressupostos estes intimamente ligados com o regime de bens vigentes durante a vigência do matrimônio.

6.1.4 Sucessão por concorrência

6.1.4.1 Regras do concurso com descendentes

A sucessão do cônjuge por concorrência com os descendentes está regida pelo art. 1.829, I, do CC e, a princípio, pressupõe que o cônjuge tenha sido casado no regime de separação convencional de bens ou no regime da comunhão parcial e o autor da herança tenha deixado bens particulares (CC, art. 1.829,I).

Preceitua o art. 1.829, I, do CC:

"Art. 1.829. A sucessão legítima defere-se na ordem seguinte: I – aos descendentes, em concorrência com o cônjuge sobrevivente, salvo se casado este com o falecido no regime da comunhão universal, ou no da separação obrigatória de bens (art. 1.640, parágrafo único); ou se, no regime da comunhão parcial, o autor da herança não houver deixado bens particulares."

Logo, numa interpretação literal, os cônjuges casados no regime da comunhão universal, no regime da separação legal de bens ou no regime da comunhão parcial sem a deixa de bens particulares não concorrem com descendentes.

Miguel Reale escreveu artigo publicado no Jornal *O Estado de São Paulo*, no qual defende o ponto de vista que a expressão separação obri-

---

1. Silvio Rodrigues, *Direito das Sucessões*, São Paulo, Saraiva, p. 115.

gatória compreende, também, a separação convencional, de modo que o cônjuge sobrevivente, casado no regime de separação convencional, também não concorreria com os descendentes do autor da herança. Esta interpretação foi acolhida pela Terceira Turma do Superior Tribunal de Justiça, pois no REsp 992749-MS, de relatoria da Ministra Nancy Andrighi, ficou registrado que "o regime de separação obrigatória de bens, previsto no art. 1.829, inc. I, do CC/02, é gênero que congrega duas espécies: (I) separação legal; (II) separação convencional. Uma decorre da lei e a outra da vontade das partes, e ambas obrigam os cônjuges, uma vez estipulado o regime de separação de bens, à sua observância. Não remanesce, para o cônjuge casado mediante separação de bens, direito à meação, tampouco à concorrência sucessória, respeitando-se o regime de bens estipulado, que obriga as partes na vida e na morte. Nos dois casos, portanto, o cônjuge sobrevivente não é herdeiro necessário. Entendimento em sentido diverso suscitaria clara antinomia entre os arts. 1.829, inc. I e 1.687, do CC/02, o que geraria uma quebra da unidade sistemática da lei codificada, e provocaria a morte do regime de separação de bens. Por isso, deve prevalecer a interpretação que conjuga e torna complementares os citados dispositivos".

Esta posição, contudo, não obstante o conhecimento jurídico de quem a defende, ignora a distinção entre separação convencional e separação legal ou obrigatória.

Para nós, o regime de bens foi fator decisivo para o legislador deferir ao cônjuge sobrevivente o direito ou não à sucessão concorrente com descendentes do autor da herança.

O ponto tomado em consideração pelo legislador foi: a) a inexistência de uma comunhão de bens entre os cônjuges; b) a não imposição de um regime legal de separação de bens; e, por derradeiro, c) a deixa de bens particulares, no regime da comunhão parcial.

Assim, o cônjuge sobrevivente concorre com os descendentes no caso em que o regime de bens adotado permite a formação de patrimônio distinto e incomunicável entre ele e o autor da herança, como no caso da separação convencional e no de regime de comunhão parcial, em que houver bens particulares do autor da herança.

A presença de bens particulares do autor da herança, não decorrente de um regime legal de bens, é condição necessária para a concorrência do cônjuge sobrevivente com descendentes do autor da herança.

Por esse critério, extraído do art. 1.829, I, poderiam, a meu ver, dar ensejo, também, à sucessão do cônjuge supérstite, por concorrência, com os descendentes: o regime da comunhão universal e o regime de participação final nos aquestos, porque ambos os regimes, embora não citados nominalmente no art. 1.829, I, permitem a existência de bens particulares (*v.g.* art. 1.668, I, II, III, IV e V e art. 1.674, I, II e III).

Em torno no art. 1.829, I, pendem, portanto, três interpretações possíveis: uma literal, no sentido de aceitar como pressuposto o regime de separação convencional e o regime de comunhão parcial em que há a deixa de bens particulares; a outra sistemática, e pelo critério da existência de bens particulares do autor da herança, não decorrente de um regime legal de bens, no sentido de permitir o regime da comunhão universal e o regime de participação final nos aquestos, desde que haja bens particulares; e uma terceira, de natureza jurisprudencial, no sentido de aceitar como pressuposto tão somente o regime de comunhão parcial em que ocorre a constituição de bens particulares.

A doutrina tem abonado a primeira interpretação. Giselda Hironaka sustenta em sua obra:

"O primeiro desses pressupostos exigidos pela lei é o do regime matrimonial de bens. Bem por isso o inciso I do art. 1.829, (...), faz depender a vocação do cônjuge supérstite do regime de bens escolhido pelo casal, quando de sua união, uma vez que o legislador enxerga nessa escolha uma demonstração prévia dos cônjuges no sentido de permitir ou não a confusão patrimonial e em que profundidade querem ver operada tal confusão.

"Assim, se casados pelo regime da comunhão universal de bens (arts. 1.667 a 1.671 do atual Código Civil), entende o legislador que a confusão patrimonial já se operava desde a celebração das núpcias, garantindo-se ao cônjuge sobrevivo, pela meação que lhe assiste, a proteção necessária e cabível na espécie, além de demonstrar a colaboração que cada um dos cônjuges prestava ao autor na conservação e frutificação dos bens já existentes do casal e daqueles que, entretanto, viessem a ser adquiridos.

"De outra forma, os casados pelo regime da separação obrigatória de bens (arts. 1.687 e 1.688, combinados com o art. 1.641) veem-se impedidos por lei de estabelecer regime patrimonial diverso daquele que determina que os bens de cada um dos cônjuges não se comunicam, confundindo-se com os bens do outro. Estes, impedidos que estão de se valer da meação, ficam ainda afastados apenas da primeira classe sucessória.

"Por fim, aqueles casais que, tendo silenciado quando do momento da celebração do casamento, optaram de forma implícita pelo regime da comunhão parcial de bens, fazem jus à meação dos bens comuns da família, como se de comunhão universal se tratasse, mas passam agora a participar da sucessão do cônjuge falecido, na porção dos bens particulares deste".[2]

Resta saber se esse pressuposto atua tão somente como requisito de capacidade sucessória concorrente do cônjuge sobrevivente ou se ele constitui, também, limite material à concorrência do cônjuge sobrevivente com o descendente. Em outras palavras, o cônjuge concorre tão somente sobre o montante dos bens particulares do autor da herança ou concorre sobre a totalidade da herança, inclusive sobre a meação do falecido na hipótese do regime da comunhão parcial de bens ou outro regime comunitário.

Maria Helena Diniz entende que o cônjuge concorre sobre a totalidade dos bens do falecido, inclusive, quando o caso, sobre a sua meação. Ensina-nos a referida autora:

"Portanto, herda, também, se for casado sob o regime de separação convencional de bens e o de participação final nos aquestos, caso em que o sobrevivente continua tendo a titularidade de seu patrimônio, recebendo sua meação e participando como herdeiro necessário da herança deixada pelo *de cujus*, composta pela meação deste e seus bens particulares."[3]

Giselda Hironaka entende de modo diverso. Para ela, o cônjuge concorre apenas em relação aos bens particulares, excluídos os bens da meação:

---

2. *Comentários ao Código Civil. Parte Especial. Do Direito das Sucessões*, São Paulo, Saraiva, p. 220.

3. *Código Civil Anotado*, 10ª ed., São Paulo, Saraiva, 2004, p. 1.261.

"Pode-se concluir, então, no que respeita ao regime de bens reitor da vida patrimonial do casal, que o cônjuge supérstite participa por direito próprio dos bens comuns do casal, adquirindo a meação que já lhe cabia, mas que se encontrava em propriedade condominial dissolvida pela morte do outro componente do casal e herda, enquanto herdeiro preferencial e necessário da primeira classe, uma quota-parte dos bens exclusivos do cônjuge falecido."[4]

Há, ainda, outra interpretação, de natureza jurisprudencial, que considera incidir a concorrência hereditária apenas sobre os bens comuns, mesmo que haja bens particulares, os quais, em qualquer hipótese, serão partilhados apenas entre os descendentes, expressa no REsp 1117563, datado de 6.4.2010, da relatoria da Ministra Nancy Andrighi: "Preserva-se o regime da comunhão parcial de bens, de acordo com o postulado da autodeterminação, ao contemplar o cônjuge sobrevivente com direito à meação, além da concorrência hereditária sobre os bens comuns, mesmo que haja bens particulares, os quais, em qualquer hipótese, são partilhados apenas entre os descendentes".

Após refletir e levado em conta o critério eleito pelo legislador para admitir o concurso do cônjuge sobrevivente na sucessão com os descendentes creio que a melhor solução, de fato, é a que enxerga o critério do art. 1.829, I, do CC, apenas como condição de capacidade sucessória e não definição da herança partilhável, pois, a rigor, o art. 1.832 do CC que trata da sucessão em concorrência com os descendentes, menciona a expressão *herança* e esta é indivisível (CC, art. 1.791). Não se confunde a meação com a herança. A meação decorre da comunhão total dos bens ou da comunhão parcial dos bens adquiridos na constância do casamento. A herança é o patrimônio particular do falecido e a sua parte na comunhão conjugal. A meação não é objeto da sucessão por pertencer ao cônjuge sobrevivente por direito próprio em razão do casamento.

O art. 1.832 disciplina a concorrência com os descendentes:

"Art. 1.832. Em concorrência com os descendentes (art. 1.829, I) caberá ao cônjuge quinhão igual ao dos que sucederem por cabeça, não

---

4. *Comentários ao Código Civil. Parte Especial. Do Direito das Sucessões*, cit., p. 220.

podendo a sua quota ser inferior à quarta parte da herança, se for ascendente dos herdeiros com que concorrer."

A regra que preside a sucessão concorrente é a de outorga de quinhão igual entre o cônjuge e os descendentes.

Não obstante essa regra, o Código estabeleceu a reserva mínima da quarta parte da herança em benefício do cônjuge sobrevivente quando ele concorra com descendentes comuns, isto é, filhos dele e do autor da herança. Assim, havendo mais de três descendentes, o Código Civil assegura ao cônjuge sobrevivente a quarta parte do que será partilhado, pondo-o em posição de supremacia.

A reserva da quarta parte da herança em favor do cônjuge sobrevivente não incide no caso em que os descendentes são exclusivos do autor da herança. Nesta hipótese prevalece o princípio da igualdade de quinhões cabendo ao cônjuge sobrevivente quota igual à que for atribuída aos demais descendentes.

O Código Civil não previu, no entanto, a possibilidade de estabelecer-se uma concorrência entre descendentes comuns e descendentes exclusivos havendo dúvida se nesse caso prevalece ou não a reserva da quarta parte dos bens a inventariar.

Três soluções apresentam-se possíveis:

A primeira delas é identificar todos os descendentes comuns ou exclusivos como descendentes comuns, aplicando-se logicamente a reserva da quarta parte em favor do cônjuge sobrevivente.

A segunda delas é identificar todos os descendentes comuns ou exclusivos como descendentes exclusivos, não se aplicando em favor do cônjuge sobrevivente a reserva da quarta parte.

A terceira é subdividir a herança em duas partes e dividir cada parte segundo a quantidade de descendentes de cada grupo (comuns e exclusivos). Estabelecido a quota-parte de cada descendente e a do cônjuge, abater da sub-herança deferida aos descendentes comuns o quanto fosse necessário para consolidar o equivalente a 25% do total da herança deferida ao cônjuge sobrevivente, já computado o que o cônjuge sobrevivente recebeu dos dois subgrupos.

A verdade é que qualquer solução não se encaixa com perfeição ao que dispõe o Código Civil. Das soluções propostas, a terceira parece-

-nos a mais razoável por conciliar o propósito do legislador e atender os interesses diversos das partes envolvidas.

6.1.4.2 Regras de concurso com ascendentes

No concurso com ascendentes não há a incidência dos pressupostos específicos analisados nas regras de concurso com descendentes; basta o preenchimento dos pressupostos comuns, isto é, estar casado ou não estar separado de fato no momento da abertura da sucessão. Nesse sentido, o REsp 954567-PE, datado de 18.5.2011, relator Ministro Massami Uyeda: "Em nenhum momento o legislador condicionou a concorrência entre ascendentes e cônjuge supérstite ao regime de bens adotado no casamento. Com a dissolução da sociedade conjugal operada pela morte de um dos cônjuges, o sobrevivente terá direito, além do seu quinhão na herança do *de cujus*, conforme o caso, à sua meação, agora sim regulado pelo regime de bens adotado no casamento".

Também não há controvérsias quanto ao conceito de herança e, assim, o cônjuge independentemente do regime matrimonial de bens recolherá um terço da herança na hipótese de concurso com ambos ascendentes de primeiro grau (pais) e metade da herança na hipótese de concorrer com um único ascendente em primeiro grau ou com ascendentes de segundo ou maior grau (CC, art. 1.837).

6.1.5 Sucessão com exclusividade

Na sucessão com exclusividade, o cônjuge herda a propriedade dos bens quando chamado a suceder por faltar descendentes e ascendentes. O cônjuge herda independentemente do regime matrimonial de bens adotado, ainda que seja o da separação total convencional com cláusula de incomunicabilidade estipulada em pacto antenupcial.

O cônjuge casado pelo regime da comunhão recolhe hereditariamente apenas metade do acervo comum, porquanto a outra metade já lhe pertence. É a meação, conservada indivisa até a abertura da sucessão.

6.1.6 Sucessão no direito real de habitação

Na sistemática vigente no Código Civil de 1916, o cônjuge sobrevivente herdava o usufruto dos bens quando não fosse casado pelo regime da comunhão de bens e sim pelo regime da separação de bens e existisse descendentes ou ascendentes do falecido. O seu direito variava em extensão conforme devesse concorrer com descendentes do outro consorte do casal ou não. O usufruto recaía na quarta parte dos bens do falecido se houvesse descendentes. Embora a lei falasse em filhos, o entendimento era de que se referia a descendentes. Se não houvesse descendentes, mas apenas ascendentes, o usufruto recaía na metade. Em ambos os casos o usufruto era vitalício e enquanto durasse a viuvez, daí denominar-se usufruto vidual. Contraído novo casamento ou união estável, o cônjuge o perdia.

O cônjuge nesses casos apresentava-se como o titular de um direito real e não como herdeiro. A doutrina considerava-o legatário *ex lege*. Nas hipóteses de concurso, o cônjuge sobrevivente tinha direito como legatário legítimo ao usufruto vitalício de um quarto, ou de metade, da herança. Dispensava-se o registro quando incidente sobre o imóvel.

A quota do usufruto calculava-se sobre todos os bens do acervo hereditário, compreendia a legítima dos herdeiros necessários.

O cônjuge, como não era considerado herdeiro, não podia pleitear a colação dos bens doados. O seu direito podia ser esvaziado por doações aos descendentes ou ascendentes, sem que a isso ele pudesse se opor.

A finalidade da lei era a de proteger o viúvo do desamparo. Com base nessa finalidade, havia o entendimento de não se deferir o usufruto vidual quando o cônjuge supérstite tivesse reconhecido em seu favor a comunhão sobre os bens adquiridos durante o casamento ou quando contemplado pelo consorte por testamento, com herança, legado ou mesmo usufruto.[5]

O Código Civil de 2002, pela melhora da posição do cônjuge na ordem de vocação hereditária, ao colocá-lo como herdeiro necessário ao lado dos descendentes e ascendentes, aboliu o chamado usufruto vidual, mas conservou em favor do cônjuge sobrevivente o direito real de habitação. Desta forma, o cônjuge sobrevivente herda o direito real de habitação, qualquer que seja o regime, do único imóvel destinado à residência da família (CC, art. 1.831).

---

5. "Reconhecida a comunhão dos aquestos, não tem a viúva-meeira, ainda que casada sob regime diverso do da comunhão universal de bens, direito ao usufruto vidual previsto no art. 1.611, 1o do Código Civil *[de 1916]*" (*RT* 710/178).

O Código Civil de 1916 dispunha que o direito real de habitação gravava o prédio enquanto o cônjuge vivesse e mantivesse a viuvez. Tratava-se de um direito personalíssimo, conferido somente ao viúvo, impossível de ser transmitido e resolúvel, pois se extinguia com a morte ou a constituição, por ele, de nova família.

O Código Civil de 2002, no art. 1.831, no entanto, não extingue o direito real de habitação se o cônjuge contrair novo casamento. De acordo com a lição de Silvio Rodrigues: "O art. 1.831 do Código Civil confere o direito real de habitação ao cônjuge sobrevivente sem nenhuma restrição quanto ao regime de bens do casamento e não determina a sua resolução no caso de o beneficiário constituir nova família".[6]

6.2 Sucessão do convivente

6.2.1 Considerações gerais

O Código Civil de 1916 via originariamente o concubinato como uma situação a ser evitada. Por isso impunha sanções ao privar o concubino do direito de receber doações ou deixas testamentárias (CC/1916, arts. 1.177 e 1.719, III).

Essa visão decorria da primazia dada ao casamento enquanto causa legítima da constituição da família e dos filhos.

O concubinato ganhou legitimidade pela iniciativa da doutrina e da jurisprudência, mormente em época em que a inexistência do divórcio contribuía para o aumento das relações concubinárias. Foi reconhecido o progressivo direito à indenização decorrente da morte do concubino em acidente de trabalho ou de transporte (Súmula 35 do STF); direitos previdenciários; partilha dos bens adquiridos com o esforço comum durante a convivência (Súmula 380 do STF) realmente comprovada e depois presumida pela assistência recíproca que há entre os concubinos.

Esses avanços – salvo poucas exceções (adição do patronímico e pensão previdenciária) – situaram o instituto no campo do direito obrigacional e não no campo do direito de família. A Constituição Federal de 1988, porém, colocou o concubinato no campo do direito de família, reconhecendo-lhe a categoria de entidade familiar e o nomeou *união*

---

6. *Direito Civil*, vol. 7, *Direito das Sucessões*, São Paulo, Saraiva, p. 116.

estável com o fim de neutralizar significados negativos que acompanhavam o termo concubinato.

Duas leis procuraram disciplinar a união estável. A primeira, a Lei 8.971/1994 e a segunda, a Lei 9.278/1996. Há autores que sustentam a vigência simultânea dessas leis. Para eles, em termos sucessórios, o convivente, excluída a sua meação, teria direito a um usufruto vidual que variaria da quarta parte à metade dos bens do *de cujus*, a depender da existência de descendentes (quarta parte) ou somente ascendentes (metade) do *de cujus* (art. 2º, I, II, da Lei 8.971/1994) ou *recolheria a totalidade da herança* (art. 2º, III), caso o autor da herança morresse sem deixar herdeiros necessários, ainda que casado, mas separado de fato. O convivente sobrevivente teria preferência, nesse caso, sobre o cônjuge do autor da herança, já que eles estavam separados de fato.

O convivente teria direito, ainda, ao direito real de habitação do imóvel destinado à residência da família enquanto durasse a viuvez (art. 7º, parágrafo único da Lei 9.278, de 10.5.1996).

Os autores que sustentam a revogação da Lei 8.971/94 pela Lei 9.278/1996 admitem o direito sucessório do convivente tão somente no direito real de habitação e, portanto, como legatário *ex lege*, enquanto durar a viuvez.

O direito à herança pelo convivente pressupõe que até a morte do *de cujus* não tenha ocorrido a extinção da união estável. A extinção da união estável antes da morte do autor da herança afasta o convivente da sucessão.

6.2.2 Sucessão do convivente no Código Civil

A sucessão do convivente foi disciplinada no Código Civil de 2002 no art. 1.790 de forma incompleta e tímida a ponto de merecer de Silvio Rodrigues as seguintes críticas: "O Código Civil regulou o direito sucessório dos companheiros com enorme redução, com dureza imensa, de forma tão encolhida, tímida e estrita, que se apresenta em completo divórcio com as aspirações sociais, as expectativas da comunidade jurídica e com o desenvolvimento de nosso direito sobre a questão".[7]

---

7. Idem, p. 119.

Pela sistemática introduzida pelo Código Civil de 2002, para que ocorra a sucessão do convivente há necessidade que ele sobreviva ao autor da herança e tenha convivido com ele até o tempo de sua morte. Além disso, devem existir bens adquiridos a título oneroso na vigência da união estável, sobre os quais incidirá o direito sucessório.

De acordo com a lição de Silvio Rodrigues, "diante desse surpreendente preceito [CC, art. 1.790], redigido de forma inequívoca, não se pode chegar a outra conclusão senão a de que o direito sucessório do companheiro se limita e se restringe, em qualquer caso, aos bens que tenham sido adquiridos onerosamente na vigência da união estável".[8]

Discordamos do referido autor, apenas na hipótese descrita no inciso IV do art. 1.790 do Código Civil, porque na ausência de parentes sucessíveis o convivente herdará a totalidade da herança e não apenas os bens adquiridos onerosamente na vigência da união estável. Assim, se o convivente concorrer com filhos comuns recolherá uma quota equivalente à que por lei for atribuída ao filho, dos bens adquiridos a título oneroso. Se concorrer apenas com descendentes do autor da herança, no que diz respeito aos bens adquiridos a título oneroso, terá direito à metade do que couber a cada um daqueles. Se concorrer com outros parentes sucessíveis (colaterais até o quarto grau) terá direito a um terço dos bens adquiridos a título oneroso. Se não houver parentes sucessíveis, o convivente herdará a totalidade da herança.

6.3. Sucessão dos parentes

No capítulo anterior verificamos que a sucessão legítima é aquela regulada pela lei (no caso o Código Civil), que, a partir de uma vontade presumida do autor da herança, estabelece uma seqüência de herdeiros, isto é, pessoas chamadas a suceder o autor da herança, da seguinte forma: descendentes, ascendentes, cônjuge e colaterais até o quarto grau.

Descendentes, ascendentes e colaterais até o quarto grau são espécies de parentes. O critério escolhido pelo legislador foi o vínculo de parentesco existente entre os herdeiros e o autor da herança.

Vamos examinar abaixo a sucessão dos parentes.

---

8. Idem, p. 117.

6.3.1 Sucessão na linha reta

A sucessão na linha reta pode ocorrer entre descendentes e ascendentes. Deve ser lembrado que o cônjuge teve a sua posição melhorada na linha sucessória, de modo que, em certos casos, *concorre* com descendentes e com ascendentes na sucessão dos bens do autor da herança e, na falta deles, *herda com exclusividade*, afastados os parentes colaterais. As regras de sucessão relativas ao cônjuge foram estudadas acima.

6.3.2 Sucessão dos descendentes

Os descendentes são chamados a suceder em primeiro lugar. Descendentes são aqueles que procedem diretamente de um ancestral comum, no caso o falecido. Descendem do falecido os filhos, netos, bisnetos, trinetos e tetranetos.

Na sucessão dos descendentes prevalece a regra *proximior excludit remotiorem* (o próximo exclui o remoto), de modo que o descendente mais próximo do autor da herança (filho) exclui, como regra, o mais afastado (neto). Basta à existência de um deles para afastar a outra classe de herdeiros da sucessão, na maioria dos casos, exceto quando houver o exercício do direito de representação. A preferência não tem limite de gerações: beneficia, como dissemos, filhos, netos, bisnetos, trinetos, tetranetos.

Não há nenhum privilégio concedido à varonia ou primogenitura, de modo que todos os descendentes do mesmo grau merecem tratamento igualitário independente da ordem de nascimento ou do sexo.

Todas as restrições que antigamente se faziam à sucessão dos filhos ilegítimos, espúrios e adotivos desapareceram (CC, art. 1.834).

Também não há distinção entre irmãos consangüíneos, uterinos ou germanos: todos herdam iguais quinhões. Apenas os filhos do primeiro casamento não herdam pela morte da madrasta ou do padrasto.

6.3.3 Critério de atribuição da herança

Os *filhos* sucedem por *direito próprio e por cabeça* porque todos se acham à mesma distância do *de cujus*. Como parentes em linha reta descendente no primeiro grau, a herança divide-se entre eles em partes iguais. Aplica-se o princípio da igualdade, pelo qual todos os filhos devem receber a mesma porção hereditária.

Os *netos* também sucedem *por cabeça* se somente eles concorrem à sucessão, embora há quem sustente que eles deveriam suceder por estirpe. A censura à regra escolhida pelo Código Civil decorre do fato de a sucessão por cabeça entre netos gerar uma divisão desigual se comparada com a sucessão por estirpe. Assim, se "A" teve dois filhos F1 e F2 e F1 teve um filho N1 e F2 teve dois filhos N2 e N3 ocorrendo à sucessão de A e convocados os netos em razão da morte prematura dos filhos, se a partilha fosse por estirpe N1 receberia sozinho 50% da herança de A enquanto se realizada por cabeça N1 receberá apenas 33,3% da herança de "A".

Os netos sucedem *por representação* se concorrerem com filhos do autor da herança. É a aplicação da regra: se *os descendentes* se acham em *grau diferente, herdam por direito de representação e por estirpe*. Nesse caso, os descendentes do herdeiro pré-morto herdam não por direito próprio, mas por direito de representação, e a partilha não se dá por cabeça e sim por estirpe, recolhendo os herdeiros aquilo que caberia ao herdeiro pré-morto e o qual eles representam.

6.3.4 Sucessão dos ascendentes

Ascendentes são aquelas pessoas que deram origem a outras pessoas e, na linha reta evolutiva, situam-se acima delas.

Na falta de descendentes sucessíveis, os ascendentes são chamados a suceder. Primeiro os *pais*, depois os *avós* e assim sucessivamente, pois, a exemplo do que ocorre com a sucessão dos descendentes, não há limites de gerações (CC, art. 1.836).

Os ascendentes formam duas linhas: a paterna e a materna (CC, art. 1.836, § 2º). Se houver ascendentes na mesma distância do falecido, a herança é dividida em duas partes iguais, uma para o pai e outra para a mãe (CC, art. 1.836, § 2º). Vivo apenas um deles, a herança lhe é entregue na totalidade, ainda que existam os pais do ascendente pré-morto porque não há direito de representação na linha ascendente. Prevalece a regra de que os parentes mais próximos excluem os parentes mais remotos, sem distinção de linhas (CC, art. 1.832). Portanto, havendo igualdade de grau e diversidade de linhas, parte-se a herança entre as duas linhas, meio a meio.

No primeiro grau – pais – a divisão se faz em quotas iguais, por cabeça entre o pai e a mãe. Do segundo grau em diante – avós – importa apenas a linha para a partilha, sendo indiferente o número de cabeças. A partir da geração dos pais, quando já falecidos, a partilha faz-se por linha e não por cabeça. Separam-se os parentes do lado paterno (linha paterna – ascendentes do pai) daqueles do lado materno (linha materna – ascendentes da mãe) e divide-se o acervo de bens *entre as duas linhas meio a meio* pouco importando a desigualdade de parentes herdeiros em uma ou outra linha. Assim se forem chamados a suceder os avós do autor da herança, sendo que do lado paterno existam ambos os avós, enquanto do lado materno exista apenas a avó materna os avós paternos receberão um quarto da herança (metade dividido por dois) e a avó materna metade da herança (CC, art. 1.836).

6.3.5 Sucessão dos parentes colaterais

Os parentes colaterais são os que não estão na linha reta sucessória, mas tem na linha genealógica um ancestral comum. O Código Civil considera parentes para fins sucessórios os colaterais até o quarto grau (CC, art. 1.839).

Os parentes colaterais consangüíneos ou civis, em razão de adoção, até o quarto grau são chamados a suceder quando não houver herdeiros que integrem as outras classes e quando não houver cônjuge habilitado a recolher a herança (CC, art. 1839).[9]

Os colaterais são herdeiros legítimos facultativos e não herdeiros legítimos necessários o que significa que eles podem ser excluídos da sucessão por disposição testamentária (CC, art. 1.850).

Também na sucessão dos parentes colaterais os parentes mais próximos excluem os mais remotos, salvo o direito de representação concedido aos filhos de irmãos pré-mortos.

---

9. Até 1907 os parentes colaterais preferiam ao cônjuge no recolher a herança do de cujus que falecendo sem elaborar testamento não tivesse descendentes ou ascendentes vivos. Foi o Decreto 1.839 que modificou a ordem de preferências e privilegiou o cônjuge em detrimento dos colaterais, além de restringir a sucessão entre os colaterais até o sexto grau, ao invés do décimo grau. Atualmente herdam tão somente os colaterais até o quarto grau por força do que dispôs o Decreto-lei 9.461/1946.

Na linha sucessória da classe dos parentes colaterais herdam em primeiro lugar os irmãos do morto. Os irmãos são parentes colaterais de segundo grau, o grau mais próximo nessa linha.

A *sucessão dos irmãos* subordina-se a diferentes regras, conforme tenham o mesmo pai e a mesma mãe (designados irmãos germanos) ou tenham apenas o mesmo pai (designados irmãos consangüíneos) ou a mesma mãe (designados irmãos uterinos). *É a denominada regra de desigualdade da partilha em razão da origem do parentesco* expressa da seguinte forma: concorrendo à herança apenas irmãos germanos, herdam em partes iguais; concorrendo à herança irmãos consanguíneos ou uterinos com irmãos germanos o quinhão dos irmãos consanguíneos ou uterinos será metade do que cada um dos irmãos germanos herdar. Portanto, os irmãos de duplo sangue herdam o dobro da quota-parte dos irmãos por parte de pai ou de mãe (CC, art.1.841).

Clóvis Bevilaqua chegou a propor que o cálculo fosse feito do seguinte modo: multiplicar os irmãos bilaterais por 2 e os unilaterais por 1, dividir a herança pelo resultado alcançado, destinado aos irmãos bilaterais duas partes e aos irmãos unilaterais uma parte. Ex: 240.000 para ser dividido por 2 irmãos bilaterais e 2 irmãos unilaterais 2 x 2 = 4 + 2 = 6; 240.000:6 = 40.000 x 2 = 80.000. Os irmãos bilaterais receberiam 80.000 e os irmãos unilaterais 40.000.

Na falta de irmãos, são chamados a herdar, em segundo lugar, os tios e os sobrinhos. Tios e sobrinhos estão no mesmo grau de parentesco. Eles, entretanto, não concorrem entre si porque a lei atribuiu preferência aos sobrinhos (CC, art. 1.843). Eles herdam nesse caso por cabeça. Os filhos de irmãos bilaterais herdam o dobro do que for atribuído aos filhos dos irmãos unilaterais, sendo, portanto, mantida a regra de desigualdade da partilha em razão da origem do parentesco.

Os *sobrinhos* podem herdar, no entanto, *por estirpe* em *função do direito de representação* que a lei lhes assegura *caso concorram com irmãos do falecido*. Na linha colateral o direito de representação é concedido apenas aos filhos de irmãos falecidos, quando concorrem com irmãos deste. Nesse caso partilha-se a herança por estirpe. Os filhos do irmão pré-morto herdam como fora ele próprio, recebendo o quinhão que lhe tocaria, se vivo fosse.

Não existindo colaterais com preferência (irmãos, sobrinhos e tios) são convocados os colaterais de quarto grau que herdam por cabeça, não existindo substituição por representação a pré-morto.

6.4 Sucessão do Poder Público

Os Municípios e o Distrito Federal são chamados a suceder se não houver herdeiros das classes anteriores ou, se houver, eles renunciarem a herança.

A titularidade do Estado sobre o patrimônio do autor da herança será alcançada pelos institutos da herança jacente e vacante, já estudados no capítulo 3 deste livro, e para o qual remetemos o leitor.

Basta lembrar que é a declaração de vacância que devolve ao Estado a herança em razão da inexistência de herdeiros. A declaração de vacância significa que as diligências foram esgotadas sem que produzissem resultado e os bens, não tendo senhor certo, aguardam o momento de serem incorporados definitivamente ao patrimônio público.[10]

Assim, enquanto a herança jacente é aquela ainda não reclamada por seus eventuais herdeiros, a herança vacante é aquela não disputada, com êxito, por qualquer herdeiro e judicialmente proclamada pertencer a ninguém.[11]

O Estado não se investe na posse e na propriedade dos bens deixados pelo autor da herança, como ocorre com os demais herdeiros. Não se aplica ao Estado o direito da *saisine*. A investidura do Estado depende de sentença que declare vagos os bens. A declaração de vacância não investe o Estado definitivamente na propriedade dos bens deixados pelo defunto e não afasta por completo as pretensões dos herdeiros de reclamarem a herança, exceto com relação aos colaterais (CC, art. 1.822, parágrafo único). A lei exige além da declaração de vacância o decurso do prazo de cinco anos contados da abertura da sucessão (CC, art. 1.822), sem que haja a reclamação da herança por credores ou por herdeiros, por ação ordinária de petição de herança,[12] se já tiver transi-

---

10. Clóvis Bevilaqua, *Código Civil dos Estados Unidos do Brasil*, p. 780.
11. Antonio Carlos Marcato, *Procedimentos especiais*, p. 239.
12. Ação que assiste ao herdeiro, legítimo ou testamentário, que tenha sido excluído da sucessão, para haver o quinhão que lhe compete, com todos os frutos e

tado em julgado a sentença que declarou a vacância, a ser proposta contra a pessoa jurídica de direito público interno no respectivo foro privativo. A Fazenda Pública incorporará ao seu patrimônio os bens vagos após o decurso do prazo de cinco anos contados da morte do autor da herança. Até a incorporação, curador administrará os bens.[13]

A Fazenda Pública poderá ser acionada pelos interessados, em ação própria, mesmo decorrido cinco anos da abertura da sucessão e após ter incorporado ao seu patrimônio os bens vagos, desde que não tenha ocorrido a prescrição ou a decadência do direito dos interessados. Parece-nos que prevalece o prazo prescricional previsto no Decreto. 20.910, de 6.1.1932, art. 1º: todo e qualquer direito ou ação contra a Fazenda Pública, seja qual for a sua natureza, prescreve em cinco anos, contados da data do ato ou fato do qual se originar. Logo, o direito de reivindicar os bens incorporados prescreve cinco anos depois da declaração de vacância.

---

acessões pertinentes aos bens que o constituem. Tem caráter reivindicatório, sendo intentada contra o possuidor da herança.

13. De acordo com Nelson Nery Júnior e Rosa Maria Andrade Nery, *Código de Processo Civil*, p. 931, "com a declaração de vacância não cessa o múnus do curador nomeado, apesar da letra do CPC 1.143 sugerir essa interpretação. O dever do curador só cessará com a transmissão do domínio, cinco anos após a abertura da sucessão (CC 1.594). Tanto isto é verdade que o CPC 12, IV, fala que o curador representa a herança jacente e vacante".

Capítulo 7
SUCESSÃO TESTAMENTÁRIA. TESTAMENTO

7.1 Conceito. 7.2 Características. 7.3 Conteúdo. 7.4 Capacidade para testar. 7.5 Formas de testamento: 7.5.1 Testamento público: 7.5.1.1 Formalidades essenciais – 7.5.2 Testamento cerrado: 7.5.2.1 Facção do testamento – 7.5.2.2 Aprovação do testamento – 7.5.2.3 Fechamento – 7.5.2.4 Entrega – 7.5.3 Testamento particular. 7.6 Do codicilo. 7.7 Testamentos especiais.

7.1 Conceito

O testamento é ato personalíssimo, unilateral, gratuito, solene e revogável pelo qual alguém, segundo norma jurídica, dispõe, no todo ou em parte, de seu patrimônio para depois de sua morte, ou determina providências de caráter pessoal ou familiar (CC, arts. 1.857 e 1.858).

7.2 Características

O testamento, enquanto negócio jurídico, reúne como características a *unilateralidade*, isto é, ele é elaborado exclusivamente a partir da declaração do testador; a *pessoalidade*, pois o testamento é um ato personalíssimo, não admitida a representação (CC, art. 1.858); e a *revogabilidade*, ao menos no que diz respeito às disposições de ordem patrimonial.

7.3 Conteúdo

O testamento pode conter disposições patrimoniais – que, contudo, não podem versar sobre a legítima (CC, art. 1.857, § 1º) e que são revogáveis –, como pode conter disposições extrapatrimoniais, como o reconhecimento de um filho (CC, art. 1.609, III), a nomeação de tutor para filho menor (CC, art. 1.634, IV e 1.729) ou de testamenteiro (CC, art. 1.976), a reabilitação do indigno (CC, art. 1.818), a deserdação de herdeiro (CC, art. 1.964), a determinação sobre funeral ou a disposição do próprio corpo para fins altruísticos ou científicos (CC, art. 14).

7.4 Capacidade para testar

Para testar, a pessoa deve ser capaz de dispor (CC, art. 1.857). Os maiores de 16 anos podem testar (CC, art. 1.860, parágrafo único). Para testar, assim como praticar outros negócios jurídicos, exige-se discernimento, isto é, inteligência e vontade livre.

São incapazes de testar os menores de 16 anos e os desprovidos de discernimento.

O momento da averiguação da capacidade é o da feitura do testamento (CC, art. 1.861) sendo irrelevantes alterações posteriores de capacidade.

7.5 Formas de testamento

O Código Civil permite diversas formas de testamentos ordinários ou comuns: o público, o cerrado e o particular (CC, art. 1.862). Chama de ordinário ou comum o testamento que pode ser adotado por pessoa capaz e em qualquer condição. Ao testamento ordinário contrapõe-se o testamento especial, cuja facção é autorizada em determinadas circunstâncias. São eles: o marítimo, o aeronáutico, militar e militar nuncupativo (CC, arts. 1.886 a 1.896).

Orlando Gomes aponta, entre as razões que justificam a alternativa de formas do testamento comum, as conveniências e as contingências pessoais.[1]

---

1. *Sucessões*, 6ª ed., Rio de Janeiro, Forense, 1996, p. 111. Para ele, o receio de desaparecimento do escrito induz, não raro, a preferência por forma testamentária que afasta o testamento comum. O desejo de que permaneçam desconhecidas até a morte as disposições de última vontade satisfaz-se no testamento secreto. A impossibilidade de ler, escrever ou ouvir a declaração de vontade determina, por sua vez, a exigência de determinada forma. A situação extraordinária em que se encontre uma pessoa possibilita um testamento simplificado, e assim por diante.

De acordo com Caio Mário da Silva Pereira, o complexo formal ligado a cada tipo testamentário visa a preservar a vontade do testador e a salvaguardá-la.[2]

A observância dessa forma é obrigatória; o desrespeito a ela invalida o testamento; não se admite a conversão de uma forma de testamento em outra.[3]

Entre os testamentos comuns temos o testamento público, o cerrado e o particular. Dois deles demandam a intervenção de oficial público (o testamento público e o cerrado) o outro não (o testamento particular).

Entre os que demandam a intervenção de oficial público a distinção se dá pelo modo em que esta ocorre. No testamento público o oficial é quem o escreve enquanto no testamento cerrado o oficial apenas o aprova; quem o escreve é o testador ou outra pessoa a pedido seu.[4]

7.5.1 Testamento público

Testamento público é o negócio jurídico unilateral de disposição de bens por ato de última vontade declarado pelo testador, mas reduzido a escrito em livro de notas por tabelião ou quem exerça função notarial na presença de testemunhas. Além do tabelião exercem função notarial o seu substituto legal, as autoridades consulares e os escrivães com função notarial.

A pessoa capaz que esteja em condições de declarar com sua própria voz as disposições de última vontade referentes ao seu patrimônio ou outro assunto pode recorrer à modalidade de testamento público.

---

2. *Instituições de Direito Civil*, vol. VI, 15ª ed., Rio de Janeiro, Forense, 2005, p. 149. Para ele, quando o legislador cria as exigências de forma, tem em vista preservar a idoneidade psicológica do testador, protegendo a autenticidade da manifestação volitiva contra as insinuações captatórias, a deformação e o descompasso entre o querer autêntico e a externação do querer – tanto mais graves defeitos quanto irremediáveis, cobertos pela sombra da morte. Não é relevante, portanto, indagar da ocorrência de prejuízo.

3. Nesse sentido a lição de Caio Mário da Silva Pereira, idem, ibidem, p. 149: "E, então, imprescindível seguir o roteiro solene exigido pela lei vigente ao tempo de sua feitura, para cada modalidade. Não cabe aqui nenhum ecletismo. A inobservância das solenidades impostas a um tipo de testamento não se poderá suprir com a obediência às de outra forma".

4. Orlando Gomes, *Sucessões*, cit., p. 112.

7.5.1.1 Formalidades essenciais

O testamento público *deve ser escrito pelo tabelião em seu livro de notas*, na conformidade das declarações do testador (CC, art. 1.864, I).

É essencial à validade do testamento público que *o testador dite para o oficial de notas o conteúdo do testamento*, embora o testador esteja autorizado por lei a consultar notas ou apontamentos. A possibilidade de o testador consultar notas ou apontamentos não o autoriza a entregar por escrito o conteúdo integral do testamento ao tabelião e requerer-lhe a transcrição para o livro de notas.[5]

A esse respeito, Francisco José Cahali e Giselda Maria Fernandes Novaes Hironaka esclarecem que entre nós não há qualquer impedimento a que o autor do testamento socorra-se dos apontamentos que já traga feitos, por si mesmo ou por outrem, especialmente contratado, lendo-os como ditado ou simplesmente entregando-os ao tabelião para que os reproduza. Nesse último caso, o testador não estará dispensado de declarar que suas anotações, minuta ou apontamentos constituem o seu testamento, pois que a oralidade é da substância do ato. O autor do testamento deverá ler suas notas ou declarar oralmente o que elas contêm. O que não é possível aceitar é a mera declaração do testador, de caráter genérico e relativo à minuta que entrega, de que esta é a sua última manifestação de vontade.[6]

Não se admite, também, a hipótese de o tabelião elaborar o testamento a pedido do testador, buscando depois sua concordância com as cláusulas confeccionadas, mediante leitura das mesmas.

---

5. Nesse sentido Caio Mário da Silva Pereira, *Instituições de Direito Civil*, vol. VI, cit., p. 153: "O testador deverá ditar as suas declarações, podendo valer-se de notas ou mesmo de minuta inteiramente redigida. Neste último caso, não basta a transposição desta para o livro do tabelião; é essencial a declaração oralmente feita pelo testador. Mas se trouxer minuta escrita para o notário, não se invalida o ato, se este a copiar diretamente, após lhe ter sido lida pelo disponente".

Orlando Gomes, *Sucessões*, cit., p. 115, tem outra posição. Para ele, as declarações do testador podem ser ditadas, nenhuma proibição havendo quanto ao uso de minuta ou apontamentos. Na prática, a leitura é dispensada, limitando-se o tabelião a copiar a minuta entregue pelo testador, geralmente esboçada por profissional.

6. *Curso Avançado de Direito Civil*, vol. 6, *Direito das Sucessões*, São Paulo, Ed. RT, 2003, p. 289.

O Código Civil de 1916, no parágrafo único do art. 1.612, exigia que as declarações do testador fossem prestadas em português. O novo Código Civil, no art. 1.864, não repete tal exigência, mas, como regra geral, os atos públicos devem ser enunciados no vernáculo. Ademais a omissão do novo Código Civil em disciplinar a matéria não afasta o uso obrigatório do vernáculo, na medida em que o tabelião deve recolher as declarações do testador e lavrar o instrumento, dando a entender que o testador deverá expressar-se em português. A esse respeito afirma Caio Mário da Silva Pereira: "Não é admissível a redação em língua estrangeira, como ato público perante serventuário brasileiro. E não é tolerada a intermediação de intérprete: este poderá não traduzir fielmente as declarações, e não haveria meios de controlá-las".[7]

O testamento *deve ser lavrado na presença* de duas *testemunhas* (CC, art. 1.864, II). As testemunhas devem assistir integralmente à lavratura do ato, devendo permanecer juntas ao tabelião e ao testador. Cuida-se do princípio do *uno contextu* consagrado desde o direito romano que exige a presença simultânea de todos os atores envolvidos (testador, tabelião e testemunhas) e hoje, de acordo com Francisco José Cahali e Giselda Maria Fernandes Novaes Hironaka, encontra-se atenuado ao suportar breves e momentâneas interrupções sem que isso leve à invalidade do ato. Assim, citados autores, com apoio na lição de Zeno Veloso, aderem à doutrina e à jurisprudência que não fulminam de nulidade o testamento em que ocorreram breves e passageiras ausências das testemunhas, observadas as circunstâncias de cada caso.[8]

O testamento, depois de lavrado, *deve ser lido pelo tabelião em voz alta* para o testador e testemunhas ou, então, lido pelo testador, se o quiser, na presença do tabelião e das testemunhas (CC, art. 1.864, II). A leitura deve ser contínua, integral e simultânea. Não se permite a leitura separada para as partes ou de modo descontínuo ou, ainda, de trechos do testamento. A leitura, no caso, é requisito de validade do testamento. Permite o controle da conformidade do texto lavrado pelo tabelião com o ditado.

Por derradeiro, como *formalidade extrínseca*, temos *a assinatura do testamento* pelas partes que dele participaram: o oficial, o testador e as testemunhas (CC, art. 1.864, III).

---

7. *Instituições de Direito Civil*, vol. VI, cit., p. 154.
8. Ibidem, p. 291.

Pode ser que o testador não saiba ou esteja impossibilitado de assinar o seu nome. Nessa hipótese, por expressa previsão legal, permite o Código que uma das testemunhas assine a rogo (a pedido seu). A testemunha assina o próprio nome, declarando que o faz a pedido do testador. Não há necessidade que seja uma nova testemunha, isto é, uma terceira testemunha. Basta que uma das testemunhas que participaram da facção do testamento assine a pedido do testador. Entretanto, se uma outra testemunha for chamada para essa finalidade, isso não resultará em invalidade do testamento, desde que essa testemunha tenha assistido integralmente à lavratura do testamento (CC, art. 1.865).[9]

Discute-se, ainda, acerca da necessidade de que o tabelião declare que foram observadas as formalidades nele previstas. A doutrina divide-se quanto à natureza dessa declaração. Para alguns, entre eles Orlando Gomes, "tal declaração não constitui requisito essencial à validade do testamento. Averiguado que foram cumpridas, a omissão do oficial, por esquecimento ou incompetência, não pode, nem deve determinar a nulidade do testamento".[10] Para outros, entre eles, Caio Mário da Silva Pereira "não basta sejam cumpridas todas as exigências formais. É ainda necessário que o oficial porte por fé haverem sido observadas, especificando-as, ou ao menos fazendo alusão expressa ao dispositivo legal respectivo. E há de consigná-lo no próprio ato".[11]

Embora a lei não insira a data e o local entre os elementos considerados essenciais ao ato, Caio Mário da Silva Pereira considera-os fundamentais, não ao ponto, no entanto, de invalidar o testamento, permitindo, então, que se os prove por qualquer meio.[12]

7.5.2 Testamento cerrado

O testamento cerrado é outra forma ordinária de testamento. Diz-se cerrado porque conservam em segredo, sob sigilo, as disposições de

---

9. Orlando Gomes, *Sucessões*, cit., p. 118. Quem assina a rogo do testador é uma das testemunhas instrumentárias. Contudo, a assinatura de testemunha suplementar não invalida o testamento, contanto que esse participante extranumerário haja assistido a todo o ato.
10. Idem, p. 116.
11. *Instituições de Direito Civil*, vol. VI, cit., p. 156.
12. Ibidem, p. 157.

última vontade do testador. Há três fases perfeitamente distintas no processo de formação desse testamento. Na primeira fase, denominada facção, o testador, pessoalmente, ou por terceira pessoa que atende a pedido seu, elabora o testamento. Na segunda fase, denominada aprovação, o testamento é apresentado ao tabelião para que ele, na presença de testemunhas aprove-o. Na terceira fase, chamada de encerramento, o testamento é lacrado e entregue ao testador, para que ele o conserve.

Define-o a doutrina como o resultado de uma atividade complexa por abranger duas solenidades: a cédula e o auto de aprovação.[13]

No testamento cerrado a participação do tabelião é restrita à fase de aprovação e lacre. O tabelião, como regra, não participa da facção do testamento. Trata-se, portanto, o testamento cerrado de uma forma intermediária entre o público e o particular.

7.5.2.1 Facção do testamento

Cuida-se de testamento hológrafo. É exigido, como regra, que o testamento seja escrito pessoalmente pelo testador ou por outra pessoa a pedido seu. Essa outra pessoa pode ser um parente ou um estranho; a escolha pode recair sobre o próprio oficial público encarregado de aprovar o testamento. A escolha só não pode recair sobre herdeiro ou legatário e respectivo parente em linha reta ou colateral até o segundo grau ou cônjuge, porque tais pessoas poderiam se beneficiar com a permissão de escreverem a rogo o testamento cerrado.

A língua a ser empregada pode ser a nacional ou a estrangeira (CC, art. 1.871). O testador deve entendê-la. Por ocasião da execução do testamento, deverá ocorrer a tradução para o português.

O Código Civil de 1916 não tratou da possibilidade de o testamento ser confeccionado com recurso a meio mecânico ou eletrônico (máquina de escrever ou computador) pela simples razão de que à época essa técnica não era muito difundida. O testamento, no entanto, pode ser confeccionado por meio mecânico ou eletrônico. Admite-o a doutrina, a jurisprudência e o Código Civil de 2002 no art. 1.868, parágrafo único, muito embora esse dispositivo faça menção a escrito mecanicamente, técnica que já se encontra obsoleta.

---

13. Caio Mário da Silva Pereira, *Instituições de Direito Civil*, vol. VI, cit., p. 158.

O testamento deve ser assinado pelo testador ou, não sabendo ou não podendo assinar, pela pessoa que lho escreveu.

Exige-se do testador que tenha a capacidade de ler. O cego e o analfabeto só podem testar pela forma pública.

O surdo-mudo pode elaborar testamento cerrado, desde que ele escreva de próprio punho o testamento, assine-o e na presença do oficial público e das testemunhas escreva na face externa do envoltório que aquele é o seu testamento, cuja aprovação lhe pede (CC, art. 1.873).

7.5.2.2 Aprovação do testamento

O testamento, uma vez elaborado, deve ser entregue ao oficial na presença de testemunhas. A entrega deve ser realizada pessoalmente pelo testador na presença de duas testemunhas (CC, art. 1.868, I). O oficial ao receber o testamento deve perguntar ao testador na presença das testemunhas se aquele é o seu testamento e se o aprova, e, diante da resposta afirmativa, deve lavrar o auto de aprovação.

O auto de aprovação é, na definição de De Plácido e Silva, "o ato formal por que o oficial público, diante da declaração do testador, reconhece e autentica o título testamentário, fazendo nele o relatório breve de todas as ocorrências havidas no ato, em que funcionou, segundo as regras legais".[14]

O auto de aprovação inicia-se logo após o término do testamento. Menciona o Código Civil que ele tenha início depois da última palavra, o que nem sempre é possível. Pode ser decomposto em três partes: *a introdução*, na qual é consignado o local, a data e são qualificados os participantes; *a confirmação*, na qual é atestada a entrega da cédula e sua autenticidade e, por fim, *o encerramento*, com a leitura do auto de

---

14. *Vocabulário Jurídico*, vol. 4, Rio de Janeiro, Forense, p. 1.552. De acordo com Caio Mário da Silva Pereira, *Instituições de Direito Civil*, vol. VI, cit., p. 160: "O direito moderno dispensa a repetição que os praxistas faziam, exigindo disesse o testador que ali estava o seu testamento, e que o tinha por 'bom, firme e valioso'. Hoje costumam repetir-se estas palavras como fórmula tabelioa, mas sem a rigidez de uma exigência *ad substantiam*, não obstante haver autores que pensam diversamente. O que se exige é que o testador afirme ser aquele papel o seu testamento cuja aprovação requer, podendo fazê-lo *sponte* sua ou à indagação do notário, numa reminiscência da cerimônia romana da *nuncupatio*".

aprovação e a coleta das assinaturas.[15] O auto de aprovação é realizado sem interrupção (depois da última palavra do testador – *uno contextu* – contínuo).

Lavrado o auto de aprovação, que deve ser datado e assinado pelos participantes do ato (testador, oficial e testemunhas), aperfeiçoa-se o testamento.

7.5.2.3 Fechamento

Em continuação, após a lavratura do auto de aprovação, o testamento é fechado. Francisco José Cahali e Giselda Maria Fernandes Novaes Hironaka descrevem como proceder a lacração: "(...) concluído o auto de aprovação, o oficial o dobrará, bem como dobrará a cédula testamentária – que, via de regra, ninguém leu – e os colocará, juntos, dentro de um invólucro que depois coserá, com pontos de retrós, lacrando, a seguir, os pontos da costura. Este ato de lacrar – quer dizer, colocar lacre nos furos da costura e até mesmo marcar o lacre com a aposição do sinete oficial – não está previsto em lei como exigência, mas o costume é de assim fazer, pois a providência dificulta bastante a violação do documento ou qualquer tentativa de violação".[16]

7.5.2.4 Entrega

Concluído o procedimento de fechamento do testamento, ele é entregue ao testador para que o conserve, registrado pelo oficial no livro próprio a aprovação e a entrega do testamento. Apenas o juiz está autorizado a abri-lo, após a morte do testador. A abertura do testamento pelo próprio testador implica em revogação do testamento. Na preciosa lição de Caio Mário da Silva Pereira, "a autenticidade da declaração por carta sigilar reside na sua conservação e incolumidade. Esta circunstância é mencionada no auto de abertura. E é tanto mais relevante, que a sua violação pelo testador traduz o seu propósito revogatório".[17]

---

15. Caio Mário da Silva Pereira, *Instituições de Direito Civil*, vol. VI, cit., p. 161.
16. *Curso avançado de direito civil*, vol. 6, *Direito das Sucessões*, cit., p. 300.
17. *Instituições de Direito Civil*, vol. VI, cit., p. 162.

Apenas a violação do lacre pelo testador implica na revogação do testamento. O rompimento por outra pessoa, sem prévia determinação do testador ou por outra causa não resulta na revogação do testamento. Deve o magistrado apurar o motivo do rompimento.[18]

7.5.3 Testamento particular

O testamento particular é negócio jurídico unilateral daquele que dispõe do patrimônio para depois da sua morte, mediante escrito particular feito de próprio punho ou mediante processo mecânico e assinado por ele.

Permite o Código que o testamento seja escrito em língua portuguesa ou estrangeira, desde que as testemunhas a compreendam (CC, art. 1.880).

O testador deve ser alfabetizado, pois terá que escrever o testamento. É forma de testar própria daqueles que sabem ler e escrever.

Exige o Código Civil que o testamento seja escrito, assinado pelo testador e lido para três testemunhas, que intervirão no testamento mediante a aposição das respectivas assinaturas (CC, art. 1.876, § 1º). A presença das testemunhas é exigida apenas na leitura do testamento e não na confecção dele.

A diferença do testamento particular para o testamento cerrado é que as disposições testamentárias não são mantidas em sigilo e, por isso, podem ser conhecidas por qualquer pessoa. Também não há uma fase administrativa de reconhecimento de autenticidade do testamento.

A verificação da autenticidade deste será feita apenas depois da morte do testador. Assim é que morto o testador, o testamento será publicado em juízo com a citação dos herdeiros legítimos. O magistrado procederá à oitiva das testemunhas instrumentárias a fim de indagá-las da autenticidade das próprias assinaturas e da intenção do testador em celebrar o testamento. O testamento pode ser confirmado por pelo menos uma testemunha (CC, art. 1.878, parágrafo único). Não é necessário que as testemunhas se recordem do conteúdo das disposições testamentárias.[19]

18. Ibidem, p. 162.
19. Ibidem, p. 165.

Desta forma, na lição de Orlando Gomes, "a força executória dos testamentos tem causa impulsiva num ato judicial".[20]

O art. 1.879 do CC admite como válido em circunstâncias excepcionais, como proximidade da morte, declaradas na cédula, o testamento particular de próprio punho e assinado pelo testador sem testemunhas.

7.6 Do codicilo

Ensina-nos Caio Mário da Silva Pereira que etimologicamente o vocábulo codicilo traz em si a ideia romana de um diminutivo de *codex* – pequeno código – sem as características testamentárias. Ele não chega a ser, portanto, um testamento, embora declaração de última vontade.[21]

O codicilo é um escrito datado e assinado por pessoa capaz de testar que contém disposições que versem sobre o modo de realizar o enterro do autor, de dar esmolas ou que tratem de legar móveis, roupas e joias não muito valiosas,[22] do uso particular do disponente. Permite-se o seu uso para nomear ou substituir testamenteiros (CC, arts. 1.881, 1.882 e 1.883). Não se admite que por intermédio dele ocorra a instituição de herdeiro ou a alteração ou revogação de testamento.[23]

Pode ser um escrito aberto ou fechado (CC, art. 1.885).

O Código de Processo Civil, no art. 1.134, determina que na sua execução devem ser observadas as normas previstas para a confirmação do testamento particular. Logo, há necessidade de requerer a publicação em juízo do codicilo e a inquisição de testemunhas para a confirmação. Esse tratamento, segundo Orlando Gomes, é inspirado no equívoco de considerá-lo, ainda, um pequeno testamento, figuração abandonada pelo Código Civil.[24]

---

20. *Sucessões*, cit., p. 135.
21. *Instituições de Direito Civil*, vol. VI, cit., p. 169.
22. De acordo com Caio Mário da Silva Pereira, *Instituições de Direito Civil*, vol. VI, cit., p. 170, o critério de apuração do valor é relativo; terá em vista o estado social e econômico do disponente, e é deixado ao prudente arbítrio do julgador.
23. Orlando Gomes, *Sucessões*, cit., p. 103.
24. Ibidem, p. 103.

7.7 Testamentos especiais

A lei prevê, presentes determinadas circunstâncias, a realização de modalidades de testamentos, ditos especiais. Esses testamentos têm em comum a maior simplicidade, um prazo de eficácia reduzido e a necessidade de proceder a formalidades complementares. São eles o testamento marítimo, o aeronáutico e o testamento militar (CC, art. 1.886). O Código Civil não admite outros testamentos especiais.

O *testamento marítimo* ou o *testamento aeronáutico* são aqueles que podem ser realizados pelo testador quando ele estiver a bordo de navio localizado em alto mar ou a bordo de avião e, portanto, materialmente impossibilitado de ir a um oficial público para que realize o seu testamento (CC, arts. 1.888 e 1.889 combinado com o art. 1.892). Não importa a qualificação do testador, passageiro ou tripulante, e sim a circunstância fática de encontrar-se em alto mar ou em viagem a bordo de avião.

O testamento marítimo e o testamento aeronáutico podem observar a modalidade pública ou cerrada (CC, art. 1.888).

Na modalidade pública, o testamento será realizado perante o comandante do navio ou escrivão de bordo que, à vista das declarações do testador o redigirá na presença de duas testemunhas idôneas, escolhidas, de preferência, entre os passageiros e não entre a tripulação.

Na segunda modalidade, o testamento será realizado pelo testador ou a pedido seu e entregue ao comandante ou escrivão de bordo, perante duas testemunhas, oportunidade em que o testador declarará que se trata de seu testamento o escrito apresentado, momento em que o comandante ou escrivão de bordo deverá recebê-lo e certificar o ocorrido na presença das testemunhas. Não houve disciplina pelo novo Código Civil de modo que se toma emprestado o rito do testamento cerrado (CC, art. 1.868).

A *eficácia do testamento* depende da morte do testador durante a viagem ou nos 90 dias subsequentes ao desembarque em terra (CC, art. 1.891). Esse prazo não corre contra o testador quando ele, embora em terra firme, continue impossibilitado de testar de forma ordinária em razão da doença. Assim, pode haver casos em que o testador, muito doente, venha a falecer meses depois do desembarque e mesmo assim o testamento marítimo é considerado válido.

A ineficácia do testamento atinge apenas as cláusulas patrimoniais; a cláusulas extrapatrimoniais, como as que reconhecem filhos, permanecem válidas e eficazes.

O *testamento militar* pode ser realizado por quem seja militar, esteja em campanha, em praça sitiada ou em local onde as comunicações estejam cortadas, sem que haja no local tabelião (CC, art. 1.893).

O testamento militar admite três modalidades: a pública, a particular e a nuncupativa.

O *testamento militar público* é aquele escriturado pela autoridade militar, conforme as circunstâncias, a partir das declarações do testador, perante duas testemunhas. São as hipóteses descritas no CC, art. 1.893.

O *testamento militar particular* é aquele escrito, datado e assinado pelo testador e apresentado por ele, aberto ou fechado, ao auditor ou oficial, na presença de duas testemunhas (CC, art. 1.894).

O *testamento militar nuncupativo* é aquele feito de forma oral pelo testador na presença de duas testemunhas quando ele se encontre em combate ou ferido (CC, art. 1.896).

A eficácia do testamento militar público e nuncupativo depende da morte próxima do testador. Na primeira hipótese, o testamento perde eficácia se ele permanecer 90 dias seguidos em lugar onde possa testar na forma ordinária (CC, art. 1.895). Na segunda hipótese, o testamento perde eficácia se o testador não morrer na guerra e convalescer do ferimento (CC, art. 1.896).

A eficácia do testamento militar particular não depende da morte próxima do testador. Ele valerá, enquanto não for revogado, se observar todas as formalidades prescritas pela lei (CC, art. 1.895), o que Orlando Gomes considera injustificável.[25]

---

25. Ibidem, p. 142.

Capítulo 8
DISPOSIÇÕES TESTAMENTÁRIAS

8.1 Considerações gerais. 8.2 Espécies de disposições: 8.2.1 Disposição pura – 8.2.2 Disposição condicional – 8.2.3 Disposição modal – 8.2.4 Disposições causais – 8.2.5 Disposições a termo – 8.2.6 Disposições restritivas. 8.3 Pressupostos de validade das cláusulas testamentárias. 8.4 Extensão da invalidade. 8.5 Interpretação das disposições testamentárias.

8.1 Considerações gerais

O testamento, enquanto negócio jurídico, é composto de disposições – cláusulas – para serem cumpridas depois da morte do testador, portanto chamadas de última vontade, destinadas a regular a transmissão do patrimônio do autor da herança e produzir outros efeitos jurídicos, queridos pelo testador.

O testador ao elaborar o testamento pode, se não tiver herdeiros legítimos necessários, dispor de todo o patrimônio, de parte deste ou, ainda, de coisas determinadas.

A disposição, por parte do testador, do todo ou de uma fração do patrimônio é qualificada de *disposição a título universal*, sendo os beneficiários chamados de herdeiros.

A disposição, por parte do testador, dos bens individualizados é qualificada de *disposição a título singular*, denominados legatários os beneficiários (CC, art. 1.897).

8.2 Espécies de disposições

O testamento enquanto negócio jurídico pode ser puro e simples ou condicional, modal ou por certo motivo (CC, art. 1.897).

8.2.1 Disposição pura

A nomeação de herdeiro ou legatário será pura quando for feita sem condição, termo ou encargo. Haverá, nesse caso, transmissão da posse e da propriedade da herança ao herdeiro imediatamente após a morte do testador ou a transmissão ao legatário do direito de pedir o legado sem que nem o (herdeiro) ou o (legatário) precisem aguardar o implemento da condição.

8.2.2 Disposição condicional

A instituição pode ser feita mediante a aposição de condição suspensiva ou resolutiva. A estipulação de condição suspensiva subordina a eficácia da nomeação à realização de evento futuro e incerto e desta forma o herdeiro instituído sob condição suspensiva é titular de um direito eventual e o seu falecimento, antes da implementação da condição, implica a caducidade da disposição, não ocorrendo a transmissão do direito de participar daquela sucessão testamentária ao seu sucessor. Presente a condição, o beneficiário será considerado herdeiro desde o momento da abertura da sucessão.

O herdeiro nomeado sob condição suspensiva, titular de um direito eventual, pode praticar atos tendentes a conservar este direito e exigir garantias – a denominada caução muciana, assim denominada em homenagem ao seu criador Mucio Scevola – dos demais herdeiros puros e simples.

O herdeiro nomeado sob condição resolutiva é titular de um direito resolúvel. O implemento da condição resolutiva resulta na resolução da nomeação e na extinção do direito do herdeiro que, então, deverá restituir os bens herdados, pois sobre eles mantinha a propriedade restrita e resolúvel.

De acordo com Caio Mário da Silva Pereira, a condição resolutiva não tem efeito retroativo. Ocorrendo a condição, a disposição ficará sem efeito, devolvendo-se os bens deixados, mas os frutos e rendimentos – salvo disposição expressa do testamento – pertencem ao sucessor condicional que não está obrigado a restituí-los.[1]

---

1. *Instituições de Direito Civil*, vol. VI, 1ª ed., Rio de Janeiro, Forense, p. 75.

8.2.3 Disposição modal

O ordenamento jurídico brasileiro permite ao testador impor ao herdeiro ou ao legatário encargos lícitos e possíveis.

O modo ou o encargo não suspende a aquisição do direito hereditário e se o herdeiro morre antes de cumpri-lo prevalece a sua nomeação e há transmissão para os seus herdeiros.

O encargo ilícito ou impossível que, portanto, não pode ser cumprido, não invalida o testamento; apenas é considerado como não escrito.

Poderão exigir judicialmente o cumprimento do encargo os demais co-herdeiros, o beneficiário do encargo e o Ministério Público se o encargo for de interesse geral (CC, art. 553 por analogia). Essas pessoas não poderão requerer a caducidade ou a revogação do testamento, exceto se o testador fixar tal pena para o descumprimento do encargo.

Orlando Gomes ensina: "o inadimplemento da obrigação estabelecida como encargo não acarreta a resolução do direito do herdeiro, ou legatário. Resolve-se unicamente no caso de estar prevista a sua caducidade na própria disposição testamentária. O direito do beneficiário é limitado à pretensão do cumprimento específico, do encargo e, não sendo isso possível, à de ressarcimento dos prejuízos".[2]

O encargo excessivo, aquele cujo cumprimento absorve todos os bens deixados pelo testador, não autoriza o herdeiro ou o legatário a não cumpri-lo ou a pleitear sua redução, devendo o herdeiro ou o legatário não aceitar a herança ou o legado.

8.2.4 Disposições causais

A nomeação do herdeiro ou do legatário pode ocorrer por determinada causa que o testador não é obrigado a declinar. Se ele, no entanto, ao testar explica as razões que o levaram a instituir certa pessoa como herdeira ou legatária temos uma disposição causal.

8.2.5 Disposições a termo

Não se admite a aposição de termo inicial ou final para o exercício do direito de herdeiro, salvo nas disposições fideicomissárias (CC, art.

---

2. *Sucessões*, Rio de Janeiro, Forense, p. 163.

1.898). Nesse caso a disposição é tida por não escrita. É a crença na perpetuidade do título de herdeiro, na continuidade das relações entre o autor da herança e o herdeiro e na irrevogabilidade da aceitação da herança.³

Esclarece-nos Silvio Rodrigues que a regra foi inspirada no art. 1.747 do Código português de 1867, que talvez a tenha colhido no art. 851 do Código italiano de 1865 com a finalidade de evitar a insegurança nas relações jurídicas em função da transmissão de bens a termo. Sustenta, no entanto, a incoerência do legislador a permitir a instituição condicional e por circunscrever a proibição ao herdeiro e não ao legatário. Para ser coerente, o legislador deveria ou proibir a instituição sob condição ou permitir a instituição a termo, sendo preferível, entre as duas, a última por representar menor restrição à liberdade individual.⁴ Clóvis Bevilaqua também chamava a atenção para a eventual contradição entre admitir instituição condicional e negá-la a termo. Para sermos lógicos, dizia ele, deveríamos considerar também como não escrita a condição resolutiva, que torna função temporária a instituição do herdeiro, que interrompe a representação do herdeiro na qualidade de continuador da pessoa do *de cujus*.⁵

8.2.6 Disposições restritivas

O testamento pode conter disposições restritivas – cláusulas que imponham restrições à legítima devida aos herdeiros necessários ou à metade disponível. Assim, admite o ordenamento jurídico que o autor da herança estabeleça restrições sobre os bens que compõem a legítima ou sobre sua metade disponível. Estas restrições constituídas por testamento mediante a aposição de cláusulas impedem a alienação, a penhora e a comunicação dos bens recebidos em herança. São as denominadas cláusulas de inalienabilidade, impenhorabilidade e incomunicabilidade e de conversão em outros bens.

Se a disposição restritiva recair sobre a legítima, o autor da herança, em testamento, ao instituir as referidas cláusulas, deverá justificá-

---

3. Idem, p. 161.
4. *Direito Civil*, vol. 7, *Direito das Sucessões*, São Paulo, Saraiva, p. 184.
5. *Código Civil dos Estados Unidos do Brasil*, São Paulo, Francisco Alves, p. 861.

-las de modo plausível e razoável segundo o previsto no art. 1.848 do Código Civil que se reporta ao conceito jurídico indeterminado de "justa causa".

O Código Civil ficou no que diz respeito à restrição da legítima no meio termo entre permitir livremente a instituição dessas restrições, como fazia o Código Civil de 1916 no art. 1.723, e proibi-las.

Entre as restrições, *não mais se permite a instituição de cláusula de conversão dos bens da legítima* em outros bens de espécie diversa, admitida no Código Civil de 1916, mas negada no Código Civil de 2002 (CC, art. 1.848, § 1º).

As *restrições* instituídas por testamento ao poder de disposição dos bens *podem ser levantadas* se houver também justa causa, segundo o Código no art. 1.848, § 2º, que exige, no entanto, que o levantamento seja precedido de autorização judicial e o produto da venda convertido em outros bens gravados com as restrições. Cuida-se de medida salutar que impede o desinteresse do proprietário-herdeiro em manter bens de conservação extremamente dispendiosa ou com o risco de desvalorizar-se.

Substituições

O princípio da ampla liberdade de testar autoriza o testado a indicar substituto, denominado sucessor de segundo grau, para herdar a herança ou parte dela na falta de herdeiro ou legatário nomeado, em decorrência de morte prévia à abertura da sucessão, renúncia, exclusão ou do advento de certa condição.

A indicação far-se-á por meio de substituição hereditária, definida como "disposição testamentária na qual o disponente chama uma pessoa para receber, no todo ou em parte, a herança ou o legado, na falta ou após o herdeiro ou legatário nomeado em primeiro lugar, ou seja, quando a vocação deste ou daquele cessar por qualquer causa".[6]

Espécies

O Código Civil admite três espécies de substituição.

6. Maria Helena Diniz, *Curso de Direito Civil*, vol. 6, *Direito das Sucessões*, 25ª ed., São Paulo, Saraiva, 2011, p. 375.

A *substituição vulgar ou ordinária*, prevista nos arts. 1.947 e 1.949 do CC, na qual o testador designa, expressamente, no testamento, pessoa que deverá suceder em lugar do herdeiro ou do legatário que não quis ou não pôde aceitar a liberalidade.

Pode o testador indicar uma pessoa para substituir vários herdeiros e legatários ou diversas pessoas para substituir a um herdeiro ou legatário, ou, ainda, se preferir, instituir uma ordem sucessiva de substituição.

Caduca a substituição vulgar no caso de o herdeiro ou legatário originariamente designado aceitar a herança ou o legado; falecer o substituto antes do substituído ou do testador; tornar-se o substituto incapaz para suceder por testamento; renunciar o substituto à herança ou ao legado.

A *substituição recíproca* é aquela em que o testador declara os herdeiros ou legatários originariamente designados substitutos uns dos outros (CC, art. 1.948), sendo que a disposição testamentária pode ordenar a substituição em partes iguais ou em partes desiguais à proporção dos quinhões fixados.

A *substituição fideicomissária* é aquela em que o testador concretiza uma dupla liberalidade em ordem sucessiva, na medida em que o herdeiro, denominado fiduciário, receberá a herança com a obrigação de transmiti-la, presente certa condição ou termo, a outrem, denominado fideicomissário. Assim, o domínio do fiduciário sobre a herança ou legado é resolúvel (CC, art. 1.953). Define-a Maria Helena Diniz como "a instituição de herdeiro ou legatário, designado fiduciário, com a obrigação de, por sua morte, a certo tempo ou sob condição preestabelecida, transmitir a uma outra pessoa, chamada fideicomissário, a herança ou o legado".[7]

No Código Civil de 2002, a substituição fideicomissária apresenta-se como meio de contemplar herdeiro inexistente ao tempo da abertura da sucessão, pois o art. 1.952 só o admite em benefício dos não concebidos ao tempo da morte do testador, isto é, em favor de prole eventual da pessoa por ele indicada (CC, arts. 1.799, I, e 1.800, § 4º).

Proíbe o Código Civil no art. 1.959 o fideicomisso além do segundo grau, de modo que nula será a disposição testamentária em que o

---

7. Idem, p. 385.

testador (fideicomitente) determinar que o fideicomissário entregue a terceiro os bens que recebeu do fiduciário, mas valerá a cláusula na parte em que beneficiou o fiduciário, que, então, tornar-se-á proprietário pleno da coisa fideicometida, nos termos do que dispõe o art. 1.960 do CC.

8.3 Pressupostos de validade das cláusulas testamentárias

Cláusulas nulas

É proibida, sob pena de nulidade, a disposição que institua herdeiro ou legatário sob condição captatória de que este disponha, também, por testamento, em benefício do testador, ou de terceiro (CC, art. 1.900, I). Condição captatória é a exigência de que o beneficiado, com a disposição testamentária, disponha dos seus bens em testamento em favor do testador, equivalendo à verdadeira troca de favores, ou de terceiro. A lei a proíbe porque em última análise a disposição captatória contraria a liberdade essencial às disposições de última vontade.

Proibida e nula é a instituição que se refira a pessoa incerta, cuja identidade não se possa averiguar ou que favoreça a pessoa incerta, cometendo a determinação de sua identidade a terceiro (CC, art. 1.900, incisos II e III). A disposição testamentária deve beneficiar a pessoa certa, identificada ou identificável (CC, art. 1.900, II). O beneficiado deve ser designado pelo nome ou por características que permitam identificá-lo. A incerteza ou a indeterminação do beneficiado, como regra, torna não executável e nula a disposição.

Em algumas situações retratadas no Código Civil, admite-se a indeterminação do beneficiado. Na primeira delas, terceiro determinará a pessoa dentre duas ou mais pessoas mencionadas pelo testador, ou pertencentes a uma família ou a um corpo coletivo ou a um estabelecimento por ele designado (CC, art. 1.901, I,). Nesse caso, cuida-se de uma escolha entre pessoas de certa forma determinadas, ainda que de modo genérico. Aduz Clóvis Bevilaqua que nesses casos a indeterminação é relativa e limitada ao arbítrio do terceiro, que apenas escolhe uma das pessoas indicadas pelo testador.[8] Na segunda delas, a disposição pode

---

8. *Código Civil dos Estados Unidos do Brasil*, p. 865.

contemplar os pobres, os estabelecimentos particulares de caridade, ou, ainda, os estabelecimentos de assistência pública (CC, art. 1.902). No caso relativo aos pobres, considera-se feita a disposição em benefício dos pobres do lugar do domicílio do testador ao tempo de sua morte. Clóvis Bevilaqua ensina que o direito, em atenção à necessidade de dar eficiência aos movimentos de beneficência, permite que os estabelecimentos de caridade, ainda quando não personificados, possam recolher a herança que lhes destine alguém no seu testamento.[9]

Proibida e nula é a disposição que deixe a arbítrio do herdeiro, ou de outrem, fixar o valor do legado (CC, art. 1.900, IV). É que agindo assim o testador não gratifica o legatário; aponta um nome ao terceiro e autoriza-o a dispor do bem da herança em favor do legatário, segundo lhe parecer, o que transfere para outra pessoa o ato de última vontade, pois o valor pode ser ínfimo ou elevado a ponto de absorver a totalidade da herança.

A regra acima tem exceção que é, justamente, deixar ao arbítrio do herdeiro ou de outrem o valor do legado a ser pago a título de remuneração pelos serviços prestados do legatário ao testador, por ocasião da moléstia de que o mesmo faleceu (CC, art. 1.901, II).

É proibida e nula a cláusula que beneficia as pessoas proibidas de participar da sucessão do autor da herança, descritas nos arts. 1.801 e 1.802, entre elas as testemunhas instrumentárias, o tabelião, a concubina do testador casado que não está separado de fato há mais de cinco anos e a pessoa que assinou o testamento a pedido do testador, bem como o respectivo cônjuge ou companheiro, ascendentes e irmãos.

Cláusulas anuláveis

O erro na designação da pessoa do herdeiro ou do legatário é causa de anulabilidade da disposição (CC, art. 1.903). A disposição, contudo, não será anulada se o contexto do testamento revelar, por documentos ou fatos inequívocos, a identidade da pessoa a quem o testador se referiu (CC, art. 1.903).

São anuláveis, também, as disposições testamentárias que resultem, além do erro, de dolo ou coação (CC, art. 1.909).

9. Idem, p. 866.

8.4 Extensão da invalidade

A invalidade (nulidade ou anulabilidade) acarreta a ineficácia da disposição testamentária. A ineficácia da disposição testamentária, por sua vez, afetará a eficácia das outras disposições se elas dependerem, por vontade do testador ou por força da coerência lógica, da que foi considerada ineficaz (CC, art. 1.910). Silvio Rodrigues ensina-nos que "em princípio a ineficácia de uma disposição não prejudica o testamento inteiro, salvando-se a parte válida, se esta, é claro, for separável, aplicando-se o brocardo *utile per inutile non vitiatur*. Porém, a ineficácia de uma disposição testamentária importa a das outras que, sem aquela, não teriam sido determinadas pelo testador. No caso, há uma relação, uma dependência entre as disposições mortuárias. A ineficácia de uma atinge a outra (CC, art. 1.910)".[10]

8.5 Interpretação das disposições testamentárias

Na interpretação das disposições testamentárias deve prevalecer a que melhor assegure a observância da vontade do testador (CC, art. 1.899). Esta regra, segundo Silvio Rodrigues, representa a transposição para o campo específico do testamento do preceito genérico do art. 112 do mesmo Código e referente a todo negócio jurídico, constituindo uma orientação para o julgador, em caso de haver dúvida a respeito de uma disposição testamentária.[11] Sobre ela leciona Maria Helena Diniz: "este é o princípio 'voluntas spectanda' que requer que se desvende a real vontade contida no negócio jurídico *causa mortis*, procurando suas consequências, pois pode haver não correspondência entre o que o *de cujus* quis exprimir e redação da cláusula testamentária".[12]

Ao lado da norma do art. 1.899 do CC podem ser consideradas regras interpretativas as normas do art. 1.902, já tratada, dos arts. 1.904, 1.905, 1.907 e 1.908.

No art. 1.904 do CC temos a hipótese de nomeação como herdeiros de duas ou mais pessoas sem que o testador discrimine a parte que ca-

---

10. *Direito Civil*, vol. 7, *Direito das Sucessões*, cit., p. 196.
11. Idem, p. 181.
12. *Código Civil Anotado*, cit., p. 1.401; *Curso de Direito Civil*, vol. 6, *Direito das Sucessões*, cit., p. 286.

berá a cada uma na herança, mandando a norma que se partilhe entre todos, por igual, a parte disponível do testador. Esta regra só prevalecerá se do contexto do testamento outra coisa não resultar.

No art. 1.905 do CC temos a hipótese de nomeação de herdeiros individualmente (A, B e C) e outros coletivamente (filhos de D) de modo que a herança será dividida em tantas quotas quantos forem os indivíduos e os grupos designados. No exemplo dado, a herança se repartirá em quatro partes, tocando cada uma das três primeiras partes aos herdeiros nomeados individualmente e a última parte aos herdeiros nomeados coletivamente.

No art. 1.907 temos a hipótese de determinação de quinhões a uns herdeiros e a outros não. Nesse caso, aos últimos, caberá o que restar depois de completos os quinhões dos herdeiros contemplados, sendo que o resto será distribuído por igual entre os herdeiros não contemplados com quinhões. Clóvis Bevilaqua afirmar ser essa uma interpretação racional da vontade do testador: "se a determinados herdeiros designou quinhões e a outros não, é claro que a sua intenção foi deixar a estes últimos o remanescente. E, aplicando-se a regra do art. 1.671 (CC/2002, art. 1.904) entre estes se distribuirá a parte residual, *quantum residuum mansit*". Se, prossegue o citado jurista, "os quinhões determinados absorverem toda a herança, decide o Código Civil alemão, art. 2.092, que se faça redução nesses quinhões, de modo que cada herdeiro instituído sem designação de parte receba tanto quanto o herdeiro gratificado com fração menor. Semelhante decidiu o Código Civil austríaco, art. 558. O Código brasileiro foi omisso, pela raridade da hipótese; mas se ela ocorrer, a solução racional é a dos citados Códigos austríacos e alemão".[13]

---

13. *Código Civil dos Estados Unidos do Brasil*, cit., p. 870.

Capítulo 9
LEGADO

9.1 Conceito. 9.2 Sujeitos. 9.3 Objeto dos legados. 9.4 Validade. 9.5 Efeitos. 9.6 Responsável pelo pagamento dos legados. 9.7 Caducidade do legado.

9.1 Conceito

À luz do Código Civil brasileiro define-se o legado[1] como a disposição testamentária, a título singular, pela qual o testador deixa a pessoa

---

1. Depreende-se da obra de José Carlos Moreira Alves, *Direito Romano*, vol. II, pp. 458 e ss., que o legado no direito romano não tinha uma formulação abstrata, mas havia apenas tipos concretos de legados, como o legado *per vindicationem*, *per damnationen*, *sinendi modo* e *per praeceptionem* e que somente com Justiniano é que desapareceram esses tipos concretos de legado e surgiu uma noção unitária.
   O legado *per vindicationem* usa a seguinte fórmula: "A Tício dou e lego o escravo Sticio". Ele era translativo de domínio ou constitutivo de direito real. Atribuía diretamente ao legatário, no momento em que o herdeiro aceitava a herança, o domínio quiritário, ou um direito real, como o usufruto ou a servidão. Para a defesa do direito de propriedade quiritária ou direito real limitado, o legatário dispunha de ação real: a *vindicatio*.
   No legado *per damnationem*, o testador empregava a seguinte fórmula: "Que meu herdeiro seja obrigado a dar a Tício o escravo Stico". Trata-se de legado constitutivo de obrigação e no momento da aceitação da herança fazia surgir uma relação obrigacional entre o herdeiro e o legatário, pelo qual o herdeiro ficava obrigado a transferir ao legatário o direito de propriedade sobre a coisa legada ou a constituir, em favor daquele, o direito indicado pelo testador no testamento. As obrigações de dar, fazer ou não fazer, existentes ou futuras, do herdeiro ou de terceiro, constituíam o objeto dessa modalidade de legado. Para a defesa desse direito era concedida ao legatário uma ação pessoal: a *actio ex testamento*.
   No legado *sinendi modo*, o testador usava a fórmula "Heres meus damnas esto sinere L. Titium hominem Stichum sumere sibique habere", cuja tradução é: "Que

estranha ou não à sucessão legítima um ou mais objetos individualizados ou uma certa quantia em dinheiro.[2]

meu herdeiro seja obrigado a consentir que L. Tício tome o escravo Stico e o tenha para si". Com isso criava relação obrigacional entre o legatário e o herdeiro, de modo que o herdeiro estava obrigado a uma prestação negativa (*non facere*), isto é, a de abster-se de impedir que o legatário se apoderasse da coisa, a fim de que se tornasse proprietário dela, posteriormente, por usucapião. Esse tipo de legado exigia que o testador ou o herdeiro fossem proprietários da coisa ao tempo da abertura da sucessão. O legatário tinha em seu favor uma ação pessoal: a *actio ex testamento* com *intentio* necessariamente incerta contra o herdeiro.

No legado *per praeceptionem*, que correspondia à fórmula "L. Titius hominem Stichum praecipito" ("Que L. Tício receba, de preferência, o escravo Stico"), o legatário tornava-se proprietário de um bem atribuído com preferência a ele. *Praecipito* é tomar com preferência. Os Sabinianos defendiam a tese de que esse tipo de legado só podia ser estabelecido em favor de um dos co-herdeiros, sendo nulo se realizado em favor de quem não fosse co-herdeiro, pois não haveria sentido para a expressão tomar com preferência, enquanto os Proculeianos admitiam que o legatário não fosse herdeiro não havendo distinção entre o legado *per praeceptionem* e o legado *per vindicationem*.

Justiniano põe fim aos tipos de legados. Subsiste, ainda, a distinção entre legados com eficácia real e legados com eficácia pessoal. Nos legados com eficácia real o legatário se torna diretamente proprietário da coisa quando a coisa legada pertence ao testador, e nos legados com eficácia pessoal o herdeiro se obriga em favor do legatário a um dar, ou a um fazer ou a um não fazer.

Podiam ser objeto do legado qualquer bem, corpóreo, incorpóreo, presente ou futuro, simples, composto ou coletivo, próprio ou alheio.

O *legatum specie* (o legado em espécie) é aquele que tem por objeto coisa individualmente determinada, como o escravo Stico. A coisa deve ser entregue ao legatário no estado em que ela se encontra no momento da morte do disponente. O legado de coisa alheia obriga o onerado adquiri-la ou entregá-la ao legatário e, se isso não for possível, dar-lhe o valor da coisa.

O legado genérico (*legatum generis*) é aquele que tem por objeto coisa incluída dentro de uma categoria genérica, como o legado de um dentre os vários escravos que integram a herança. Na falta de indicação pelo disponente da qualidade do bem legado, surge o problema da escolha, que no direito clássico era atribuída ao legatário se se tratasse de legado *per vindicationem* e ao onerado se se tratasse de legado *per damnationem*. No direito Justinianeu a escolha é sempre do legatário, salvo disposição em contrário.

O legado *partionis* é aquele em que o disponente ordena que a herança se divida, em determinada proporção (meio a meio) entre herdeiro e o legatário: "Heres meus cum Titio hereditatem meam partitor, dividitio" ("Que meu herdeiro compartilhe de minha herança com Tício: divida-a").

O legado de universalidade de coisas é o que tem por objeto uma universalidade de coisas: um rebanho.

O legado opcional (*legatum optionis*) é aquele em que o legatário tem o direito de escolher uma coisa entre várias, por meio de um ato solene. Justiniano, em 531 d.C.,

O Código Civil Português, no art. 2.030, item 2, acolheu esse conceito ao estipular que: "Diz-se herdeiro o que sucede na totalidade ou numa quota do património do falecido e legatário o que sucede em bens ou valores determinados".

José Carlos Moreira Alves define-o como a disposição feita em testamento ou codicilo na qual alguém destina a outrem, sem conferir-lhe o título de herdeiro (*heres*), um ou alguns dos bens compreendidos na herança, ou mesmo nela não compreendidos, mas que pertencem ao herdeiro ou a outra pessoa.[3] Para o citado autor, o legado apresenta as seguintes características: é disposição autônoma do testador; atribui sempre direito de conteúdo patrimonial e implica aquisição *mortis causa*, a título singular. Esta última característica diferencia o legado da herança, pois nele não há sucessão no direito, mas aquisição a título singular.[4]

De acordo com Silvio Rodrigues, "legado é a deixa testamentária a título particular, e nesse sentido opõe-se à herança em que a sucessão se opera a título universal".[5]

Portanto, o legatário distingue-se do herdeiro: enquanto o herdeiro recebe a totalidade ou uma parte dos bens do autor da herança, o lega-

introduziu modificações no regime do *legatum optionis* ao admitir que a *optio* transmita-se aos herdeiros do legatário e a passagem da *optio* confiada a terceiro ao legatário se ele não a exercesse dentro de um ano, situação que obriga o legatário a escolher a coisa de qualidade média.
O legado de prestações periódicas tem por objeto soma de dinheiro ou certa quantia de coisas fungíveis que o onerado, periodicamente, dentro de determinado espaço de tempo, está obrigado a entregar ao legatário.
O *legatum nominis* é aquele que tem por objeto um crédito do disponente contra terceiro. Concede-se ao legatário uma ação contra o devedor.
O *legatum debiti* é aquele que tem por objeto um débito do testador para com o legatário. Deve o legatário obter alguma vantagem de que ele não desfrutava anteriormente: por exemplo tornar puro um crédito que antes era sujeito a condição ou a termo.
O *legatum liberationis* é aquele em que o disponente determina ao onerado que libere o legatário de um débito que este tem para com o próprio disponente, ou onerado, ou um terceiro qualquer.
2. Maria Helena Diniz, *Código Civil Anotado* (1995), São Paulo, Saraiva, p. 949.
3. *Direito Romano*, vol. II, 6ª ed., Rio de Janeiro, Forense, 1997, p. 458.
4. Idem, ibidem.
5. *Direito Civil*, vol. 7, *Direito das Sucessões*, São Paulo, Saraiva, p. 197.

tário recebe coisa certa, individualizada. A herança é a deixa da totalidade dos bens ou uma fração destes bens, enquanto o legado é a deixa de um bem certo, determinado. De acordo com a lição de Washington de Barros Monteiro, o legatário recebe coisa determinada e precisa, isto é, porção concreta do acervo hereditário, deixada a título singular (*res certa*), ao passo que o herdeiro aufere todos os direitos patrimoniais do extinto (*universum jus*) ou fração em todos esses direitos, sem discriminação de valor ou objeto.[6] De acordo com Silvio Rodrigues, "o legislador pátrio repeliu a orientação do legislador francês, que chamou legatário a todo aquele que sucede em razão de um testamento, por oposição ao herdeiro, que sucede em virtude da lei e manteve-se fiel à tradição romana, que também distinguia a herança do legado conforme a sucessão se procedesse a título universal ou a título particular".[7]

Alguns autores identificam no legado a ideia de liberalidade. O legado configuraria um ato de liberalidade. É a posição de Washington de Barros Monteiro para quem legado exprime ideia de liberalidade. Como ato benéfico destinado a agraciar a pessoa contemplada, não pode envolver, declarada ou disfarçadamente, qualquer negócio, transação, venda ou cessão.[8]

Outros, no entanto, não consideram a liberalidade como da essência do legado, admitindo que o testador imponha encargos ao legatário. Alerta Orlando Gomes ser inadmissível considerar substancial ao conceito de legado o caráter de liberalidade porque pode ele consistir num ônus ou ser absorvida por encargos a vantagem patrimonial.[9]

9.2 Sujeitos

No legado temos o instituidor, o beneficiário, denominado legatário, e o onerado. O instituidor é o autor do testamento. O beneficiário do legado será o legatário. O legatário pode ser terceiro ou herdeiro. Por-

6. *Curso de Direito Civil, Direito das Sucessões*, 29ª ed., São Paulo, Saraiva, 1994, p. 161.

7. *Direito Civil*, vol. 7, *Direito das Sucessões*, cit., p. 198.

8. *Curso de Direito Civil, Direito das Sucessões*, 29ª ed., 1994, cit., p. 163.

9. *Sucessões*, 6ª ed., Rio de Janeiro, Forense, 1996, p. 187 e também nesse sentido Caio Mário da Silva Pereira, *Instituições de Direito Civil*, vol. VI, 15ª ed., Rio de Janeiro, Forense, 2005, p. 186.

tanto, o legado pode ser instituído em benefício de herdeiro. Se o herdeiro for herdeiro legítimo, o legado denomina-se prelegado ou legado precípuo. O prelegatário recebe o legado além dos bens constitutivos do seu quinhão na herança.

O onerado, isto é, aquele que deve cumprir com o legado, deve ser um herdeiro, todos os herdeiros ou um legatário.

Interessa o teor da declaração para definir se houve ou não a instituição de um legado e não a expressão empregada pelo testador, já que ele pode, equivocadamente, designar um herdeiro de legatário e um legatário de herdeiro.

A instituição do legado submete-se às regras das disposições testamentárias previstas no Código Civil nos arts. 1.912 a 1.940.

9.3 Objeto dos legados

O legado pode ser de bens móveis, imóveis, incorpóreos (títulos, ações, direitos), alimentos, créditos, usufruto e dívidas. Qualquer bem que tenha valor patrimonial.

A coisa pode ser atual ou futura. Exige o Código que a coisa exista no momento da abertura da herança e pertença ou ao instituidor ou ao onerado. É a regra dos arts. 1.912 e 1.913 do CC. Portanto, o bem legado ou pertence ao autor da herança ou pertence ao onerado. Se pertencer a terceiro, o legado é ineficaz. O art. 1.912 considera ineficaz o legado de coisa alheia: "É ineficaz o legado de coisa alheia".

A regra acima apresenta, no entanto, algumas exceções. Vale o legado, se o testador vier a adquirir a coisa depois do testamento, pois (a) o testamento ganha eficácia como título translativo da propriedade com a morte do testador; (b) revela a vontade efetiva de beneficiar o legatário. Vale, também, o legado quando o testador ordena ao herdeiro que entregue ao legatário coisa de sua propriedade (CC, art. 1.913) por considerar a lei verdadeiro encargo imposto ao herdeiro da qual ele poderá livrar-se renunciando à herança.[10] Admite-se, igualmente, o legado de coisa genérica (CC, art. 1.915).

10. Silvio Rodrigues, *Direito Civil*, vol. 7, *Direito das Sucessões*, cit., pp. 200-201.

Dentro do tema da existência do bem legado como pressuposto de sua eficácia, cumpre debater a vetusta regra do art. 1.917 que trata do legado de coisa a ser retirada de determinado lugar. Se a coisa legada, no momento da abertura da sucessão, não for encontrada no lugar e tiver sido removida, com ânimo definitivo, o legado perderá eficácia.

O legado pode ser de coisa certa, individualizada (CC, art. 1.916). Exemplo de legado de coisa certa é o legado de bem imóvel. As acessões e benfeitorias, necessárias, úteis e voluptuárias são transmitidas, igualmente, ao legatário. Os acréscimos decorrentes de novas aquisições, ainda que contíguas, são excluídas do imóvel legado, como, por exemplo, a *aquisição do terreno contíguo e a unificação da matrícula* (CC, art. 1.922).

O legado pode ser de coisa incerta (CC, art. 1.915), não havendo, nesse caso, obrigatoriedade de existir entre os bens deixados pelo testador. No legado de coisa incerta, a escolha do bem a ser entregue pode ser feita pelo onerado ou atribuída a um terceiro que, em ambos os casos, deverá optar pelo meio-termo entre a melhor e a pior qualidade (CC, art. 1.929). A escolha pode ser atribuída também ao legatário, cabendo-lhe, nesse caso, escolher o melhor do gênero ou da espécie existente na herança (CC, art. 1.931). É o chamado *legatum optionis*.

A faculdade de escolher é transmissível aos herdeiros daquele a quem cabia a escolha (CC, art. 1.933). Uma vez feita a escolha, ela torna-se irrevogável.

O legado pode ser de crédito ou de quitação de dívida. No legado de crédito, o instituidor beneficia o legatário com um crédito que lhe pertence ou que pertence ao onerado. Esse tipo de legado se cumpre pela entrega ao legatário do título que representa a obrigação, incorporando-se ao montante tão somente os juros não pagos e devidos até a morte do testador (CC, art. 1.918) e não os juros vencidos desde a morte do testador, exceto se o testamento indicar outra coisa.[11]

No legado de dívida, o legatário é beneficiado com o perdão da prestação que devia ao instituidor (autor da herança) ou ao onerado (herdeiro ou legatário). Esse tipo de legado também se cumpre com a entrega ao legatário do título representativo da obrigação. Ele não compreende as dívidas posteriores à data do testamento (CC, art. 1.918, § 2º).

---

11. Idem, p. 205.

O legado pode ser de usufruto. O instituidor ou o onerado deve ser proprietário do bem. Nada impede que o autor da herança institua dois legados sobre o mesmo bem. A um atribua a nua-propriedade e ao outro o usufruto.

O usufruto será válido pelo prazo previsto no testamento. Se não houver prazo, o Código considera-o válido enquanto o legatário viver (CC, art. 1.921). Cuida-se, nesse caso, de usufruto vitalício, se o legatário for pessoa física ou natural. Se o legatário for pessoa jurídica, o usufruto não poderá ultrapassar 30 anos (CC, art. 1.410, III).

O legado pode ser, ainda, de alimentos e, nesse caso, salvo estipulação em contrário, abrange o sustento, a cura, o vestuário e a moradia, enquanto o legatário viver, e a sua educação, enquanto menor. O valor do legado, se não for fixado pelo testador, o será pelo magistrado com os recursos da herança e de acordo com as necessidades do legatário (CC, art. 1.920). O juiz, diz Silvio Rodrigues, ao fixar o montante do legado, deve atentar para as necessidades do alimentário e para o montante da herança, procurando, dentro do possível, interpretar a vontade do testador.[12]

9.4 Validade

A validade do legado depende da existência do bem no patrimônio do testador por ocasião da sua morte (CC, art. 1.912 combinado com o art. 1.916).

Há exceções a esta regra que são descritas no art. 1.915 (legado de coisa móvel incerta) ou no art. 1.913 (hipótese em uma parte do artigo de sublegado).

9.5 Efeitos

O legado puro e simples, isto é, não condicional, transfere a propriedade e a posse indireta do bem e seus frutos desde a morte do testador ao legatário (CC, art. 1.923). A posse direta, contudo, não se transmite *ipso jure* e deve ser transmitida pelos herdeiros, testamenteiro ou inventariante (CC, art. 1.923, § 1º). Isso ocorre, segundo Silvio Rodri-

---

12. Idem, p. 206.

gues, para permitir ao herdeiro, antes de pagar o legado, verificar se a herança é solvável ou não, pois, caso o passivo do monte absorva toda a herança, podem os legatários ser obrigados a concorrer, parcial ou totalmente, para o resgate do débito.[13]

O legatário pode reivindicar a posse do bem se for coisa certa ou direito real ou propor ação pessoal.

Este direito não pode ser exercitado se houver litígio quanto à validade do testamento ou até o implemento da condição ou do prazo (CC, art. 1.924).

O legatário recebe a coisa legada no estado em que se encontra e com todos os encargos (penhor, hipoteca, usufruto) (CC, art. 1.937) e por ser o proprietário da coisa legada arca o legatário com os riscos da entrega do legado e responde pelas despesas da entrega, salvo disposição diversa (CC, art. 1.936).

9.6 Responsável pelo pagamento dos legados

O testador deve designar dentre os herdeiros aquele que deve responder pela entrega do legado (CC, art. 1.934); não o fazendo, todos os herdeiros respondem proporcionalmente pelo legado (CC, art. 1.934). Se o bem legado pertencer ao herdeiro e não ao testador (CC, art. 1.913), este terá direito de regresso contra os demais herdeiros, salvo disposição em contrário (CC, art. 1.935).

9.7 Caducidade do legado

A caducidade do legado é a ineficácia do legado por causa ulterior à disposição originariamente válida. A caducidade do legado ocorre nas hipóteses descritas no art. 1.939 do CC, entre elas, a modificação da coisa legada (I), a alienação da coisa legada (II), o perecimento ou a evicção (III), a exclusão por indignidade do legatário (IV) e a morte do legatário, antes do testador (V).

Dos casos de caducidade, alguns dizem respeito a circunstâncias que vieram a repercutir na coisa legada e outros concernem a eventos

---

13. Idem, p. 209.

que se ligam ao legatário, como a indignidade ou o falecimento anterior ao testador.[14]

No caso de ocorrer modificação substancial na coisa legada, é razoável que o legado perca eficácia, pois essa modificação revela o propósito de o testador cancelar a própria liberalidade.

O mesmo se diga na hipótese de alienação da coisa alegada. Além de não se permitir o legado de coisa alheia, a alienação faz presumir a intenção do testador em revogar o legado. A proclamação da nulidade da alienação da coisa legada não produziria o efeito de restabelecer a eficácia do legado, pois o ato de alienação, mesmo que anulado, faz presumir a revogação do legado, exceto se o fundamento da nulidade for causa relacionada à falta de discernimento do alienante. Em sentido contrário a esse entendimento há um julgado do Supremo Tribunal Federal inserto na *RT* 183/469: "Se o testador alienar a coisa que antes fora objeto de ser legado, este caduca, mas não caduca se vier a ser decretada a anulação da alienação".[15]

O perecimento da coisa legada, vivo o testador, resulta na ineficácia do legado.

O perecimento da coisa legada, depois da morte do testador, sem culpa do herdeiro, implicará na perda do direito de propriedade do bem pelo legatário.

O perecimento da coisa legada, depois da morte do testador, com culpa do herdeiro, implicará no dever do herdeiro de indenizar o legatário.

O legado também caduca na evicção. O herdeiro responderá perante o legatário se for negligente e com seu comportamento permitir a evicção.

A indignidade do legatário torna ineficaz o legado. O mesmo se diga se o legatário morrer antes do testador.

14. Idem, p. 216.
15. Idem, p. 218.

Capítulo 10
REVOGAÇÃO, ROMPIMENTO E CADUCIDADE DO TESTAMENTO

10.1 Revogação: 10.1.1 Conceito – 10.1.2. Formas de revogação. 10.2 Rompimento do testamento: 10.2.1 Conceito – 10.2.2 Causas de rompimento do testamento – 10.2.3 Exclusão da caducidade. 3. Caducidade do testamento.

A revogação, o rompimento, a caducidade e a nulidade impedem o testamento de produzir efeitos jurídicos.

A revogação e o rompimento encontram-se disciplinados nos arts. 1.969 a 1.975 do CC.

10.1 Revogação

10.1.1 Conceito

O testamento é ato essencialmente revogável (CC, art. 1.858 e 1.969), pelo menos no que toca às disposições patrimoniais. A revogação constitui ato pelo qual o testador exprime vontade diversa daquela anteriormente manifestada no testamento, de modo a acarretar a sua ineficácia. Pode o testador revogar o testamento quando quiser, até a hora de sua morte, sem ter que declinar o motivo, ainda que por mero capricho.

A cláusula que declare irrevogável o testamento ou obrigue o testador a não alterá-lo é nula de pleno direito, ainda que não haja no Código Civil norma nesse sentido.

Admite-se como exceção à regra da revogabilidade a parte do testamento em que o testador reconhece o filho, conforme determina o art. 1.610 do CC.

10.1.2 Formas de revogação

A revogação pode ser *expressa*. Esta ocorre *quando elaborado um novo testamento*, qualquer que seja a sua forma, ele contém *cláusula revogatória explícita* do testamento anterior.

A revogação *deve ser feita por testamento*. Não se admite a revogação por escritura pública, escrito particular, ou testemunhos, exceto se ficar demonstrado por tais testemunhos que o testador foi impedido por dolo ou violência de terceiro de levar adiante o seu propósito de revogar o testamento.

A revogação pode ser *tácita*. Ela ocorre quando o *testador elabora um novo testamento* instituindo nele *cláusulas testamentárias inconciliáveis* com as declaradas no primeiro testamento. A incompatibilidade entre as cláusulas testamentárias acarreta a revogação das primeiras.

A *revogação tácita do testamento cerrado* pode ser feita pelo *simples rompimento do lacre*. O testador, para revogá-lo, precisa apenas abri-lo, dilacerá-lo ou consentir que terceiro o faça (CC, art. 1.972). Não haverá revogação se restar comprovado que o testamento cerrado foi aberto sem o consentimento do testador, por descuido, inadvertência ou dolosamente por terceiro.

A revogação pode ser *total ou parcial* (CC, art. 1.970). A revogação é total quando o testamento superveniente subtrair integralmente a eficácia das disposições testamentárias precedentes. A revogação é parcial quando há a subsistência do testamento anterior na parte em que não houver sido revogado pelo testamento posterior e na parte em que houver compatibilidade entre as disposições (CC, art. 1.970, parágrafo único). Assim, conciliáveis as disposições do último testamento com as do anterior, deve o magistrado dar-lhes cumprimento em respeito à vontade do testador, porquanto as disposições testamentárias compatíveis se integram numa unidade formada em vários atos testamentários.[1]

1. Carlos Roberto Gonçalves, *Direito Civil Brasileiro*, 2ª ed., São Paulo, Saraiva, 2008, p. 426.

Para que ocorra a revogação, importa que o testamento ulterior venha a ser considerado válido, isto é, que não venha a ser anulado por infração ou omissão de solenidades essenciais.

Não interfere na revogação do primeiro testamento o fato de o herdeiro beneficiado no último testamento ter renunciado a herança ou ter sido considerado indigno ou incapaz (CC, art. 1.971).

10.2 Rompimento do testamento

10.2.1 Conceito

A revogação é ato voluntário do testador. Ao lado dela há hipóteses de revogação *ex vi legis* conhecidas por *causas de rompimento*. Em todas elas há a presunção de revogação do testamento sob a justificativa de que o conhecimento pelo testador de certas circunstâncias o levaria a dispor de outro modo dos seus bens (CC, art. 1.973).

O rompimento do testamento é a inutilização do testamento por perda de validade em decorrência de fatos previstos em lei, como a superveniência de descendente sucessível ao testador ou a existência de herdeiros necessários ignorados pelo testador.

10.2.2 Causas de rompimento do testamento

Refere-se o art. 1.973 do CC à superveniência de descendente sucessível do testador que quando testou não o tinha ou não o conhecia. As situações mais comuns são: a) o nascimento posterior de filho ou outro descendente (neto, bisneto); b) a legitimação subsequente e o reconhecimento voluntário ou judicial do filho; c) o reconhecimento forçado do filho.

Segundo Orlando Gomes, a hipótese prevista configura-se pela reunião dos seguintes elementos: a) aparecimento de descendente depois do testamento; b) sucessibilidade do descendente aparecido; c) sobrevivência do descendente ao testador. "Não se exige a inexistência anterior de descendente. Rompe-se o testamento, do mesmo modo, se aparece mais um descendente. Superveniência de outro filho determina a caducidade, tal como se nenhum houvesse".[2] O que importa para o

---

2. *Sucessões*, 6ª ed., Rio de Janeiro, Forense, 1996, p. 250.

deslinde da questão é a ignorância do testador no *momento em que testa*. Não importa que o *reconhecimento seja coativo*, em vida do testador ou após a sua morte.

Refere-se o art. 1.974 ao desconhecimento da existência de outros herdeiros necessários, como, no caso, o ascendente. O testador pensava que estava morto.

Há discussão como se dá o rompimento. Alguns sustentam a necessidade da propositura de ação enquanto outros reconhecem que o rompimento pode ser pronunciado incidentalmente sem a necessidade de ação.

10.2.3 Exclusão do rompimento

O testador pode prever a existência ou a superveniência de herdeiros necessários prescrevendo a eficácia do testamento. Basta ao testador dispor de apenas da metade disponível, deixando intacta a legítima (CC, art. 1.975).

Também exclui a caducidade a deserdação dos herdeiros legítimos da parte disponível da herança, sem a menção de causa legal (CC, art. 1.975).

10.3 Caducidade do testamento

Caducará o testamento se o herdeiro instituído premorrer ao testador ou simultaneamente a ele; se o nomeado falecer antes do implemento da condição da qual dependia a herança ou legado; se a condição suspensiva imposta pelo disponente não puder ser realizada; se o herdeiro instituído ou o legatário renunciar à herança ou ao legado, for incapaz de herdar ou for excluído da sucessão; se houver modificação substancial ou perecimento de coisa legada por caso fortuito, se nas hipóteses de testamento especial, o testador não morrer na viagem ou em campanha ou não promover as medidas legais para convalescer o ato de última vontade (CC, arts. 1.891 e 1.895).[3]

---

3. Maria Helena Diniz, *Curso de Direito Civil*, vol. 6, *Direito das Sucessões*, 25ª ed., São Paulo, Saraiva, 2011, p. 308.

Com a caducidade do testamento, a sucessão testamentária transformar-se-á em legítima, se o testamento não houver admitido o direito de acrescer, ou, o testador tenha nomeado substituto ao herdeiro ou legatário, que recolherá a herança ou o legado.[4]

---

4. Idem, ibidem.

Capítulo 11
DO TESTAMENTEIRO

11.1 Conceito. 11.2 Natureza jurídica. 11.3 Nomeação do testamenteiro: 11.3.1 Aceitação do testamenteiro nomeado. 11.4 Espécies de testamenteiro. 11.5 Deveres e ônus do testamenteiro. 11.6 Direitos do testamenteiro. 11.7 Destituição do testamenteiro. 11.8 Cessação da testamentaria.

11.1 Conceito

Testamenteiro é a pessoa encarregada pelo testador de cumprir as suas disposições de última vontade. É o executor do testamento. Esta denominação – executor do testamento – é atribuída ao testamenteiro em legislações como o Código Civil francês, art. 1.025 e o Código Civil italiano, art. 700.

Cabe ao testamenteiro cumprir as disposições testamentárias (CC, art. 1.980) e defender a validade do testamento (CC, art. 1.981). A lei permite que o testador nomeie um testamenteiro como forma de tranquilizá-lo de que as suas disposições de última vontade serão cumpridas (CC, art. 1.976). Nesse sentido, Silvio Rodrigues para quem "pode o testador recear que, após sua morte, pareça mais conveniente aos herdeiros deixar seu testamento total ou parcialmente descumprido (...). Para evitar esses riscos, a lei faculta ao testador indicar pessoa de sua confiança para defender a validade do ato de última vontade e fiscalizar sua execução".[1]

---

1. *Direito Civil*, vol. 7, *Direito das Sucessões*, São Paulo, Saraiva, p. 273.

11.2 Natureza jurídica

Silvio Rodrigues não aceita a ideia de antever na testamentaria uma espécie peculiar de mandato e considera-a instituto autônomo, dotado de características próprias, que não se confunde, como dito, nem com o mandato, nem com a tutela. Como regra, o exercício da testamentaria é facultativo por permitir ao testamenteiro ampla liberdade para não aceitar a testamentaria, exceto naquele caso em que o testamenteiro foi nomeado, também, como legatário e com o encargo de fiscalizar a execução do testamento.[2]

Também para Maria Helena Diniz "a testamentaria é um instituto *sui generis* e autônomo, regido por normas peculiares e próprias, dado que o testamenteiro tem seu campo de ação delimitado pela vontade do testador, sendo mero agente da execução da vontade do *auctor successionis*".[3] Igualmente, Carlos Roberto Gonçalves para quem "trata-se, em realidade, de instituição autônoma, *sui generis*, regida por normas peculiares e próprias, que não se confunde com outras conhecidas, embora tenha com elas algumas semelhanças. Constitui um encargo imposto a alguém, em que se confia, para que este fiscalize o cumprimento do ato de última vontade do testador, vindo a ser o agente da execução dessa vontade, para que o disponente sobreviva à própria extinção".[4]

11.3 Nomeação do testamenteiro

A nomeação do testamenteiro é feita pelo testador no testamento. Esta é a regra (CC, art. 1.976). Nada impede, no entanto, que o testador nomeie testamenteiro através de codicilo (CC, art. 1.883).

O pré-requisito para a nomeação de alguém para o exercício da testamentaria é que o nomeado se encontre no pleno exercício de sua capacidade civil, porque, como testamenteiro, poderá ser-lhe conferida a posse e a administração da herança ou parte dela (CC, art. 1.977).

---

2. Idem, p. 275.
3. *Curso de Direito Civil Brasileiro*, vol. 6, *Direito das Sucessões*, 25ª ed., São Paulo, Saraiva, 2011, p. 322.
4. *Direito Civil Brasileiro*, vol. VII, *Direito das Sucessões*, São Paulo, Saraiva, p. 443.

Logo, não podem ser designados testamenteiros os menores de 18 anos, não emancipados; os interditos por ausência de discernimento; os pródigos; os ausentes, declarados por ato judicial e, em certos casos, os silvícolas.[5] Igualmente, a testamentaria não pode ser concedida a certas pessoas, embora capazes, como as que têm débito com o testador, estiverem em disputa com os herdeiros ou forem inimigas do disponente e seus sucessores por aplicação analógica, segundo ensinamentos de Maria Helena Diniz.[6] Renomada jurista desaconselha, apesar de não existir proibição legal, que a designação recaia sobre a pessoa que, a rogo, escreveu o testamento, seu cônjuge, ascendentes, descendentes e irmãos; testemunhas do testamento; concubinário do testador casado; oficial público, civil ou militar; o comandante, o escrivão, perante quem se fizer, assim como o que fizer ou aprovar o testamento, porque a nomeação para testamenteiro de quem participou da facção testamentária justificaria o seu afastamento pela consideração de que essa interferência poderia implicar fraude ao art. 1.801 e, além disso, a percepção do prêmio (CC, art. 1.987) seria um meio de tirarem proveito.[7]

Na falta de testamenteiro nomeado pelo testador, a nomeação, por previsão legal (CC, art. 1.984), deve recair sobre o cônjuge sobrevivente e, na falta deste, sobre herdeiro nomeado pelo juiz, ou, na falta deste, sobre pessoa estranha (CC, art. 1.984). Silvio Rodrigues reputa não ser necessária a nomeação de um testamenteiro, sustentando ser direito do testador não nomear ninguém como testamenteiro quando confiar que seus sucessores irão cumprir com as suas disposições de última vontade, lembrando, contudo, que a maioria dos escritores brasileiros considera ser imprescindível a existência de um testamenteiro, cabendo ao juiz nomear uma dentre as pessoas descritas no art. 1.984 do CC na falta de um nomeado pelo testador.[8]

A nomeação pode recair sobre uma ou várias pessoas. Nesse caso, o disponente deverá indicar a ordem sucessiva de sua nomeação, de maneira a se saber quem deve ser chamado. Na ausência de indicação da ordem ou determinação das funções dos testamenteiros, cumpre dis-

5. Idem, p. 322.
6. Idem, p. 323.
7. Idem, ibidem.
8. *Direito Civil*, vol. 7, *Direito das Sucessões*, cit., pp. 276-277.

tinguir se foram nomeados conjuntamente, caso em que a testamentaria deve ser exercida por todos, ou nomeados solidariamente, caso em que cada testamenteiro poderá atuar livremente.[9]

Na ausência de testamenteiro instituído, a execução testamentária será atribuída ao cônjuge sobrevivente (testamenteiro legal) e na ausência ou recusa dele é que haverá a nomeação de testamenteiro dativo pelo magistrado, escolhido dentre um dos herdeiros, conforme prevê o art. 1.984 do CC ou dentre o principal legatário, se a herança foi distribuída em legados.[10]

11.3.1 Aceitação do testamenteiro nomeado

Ninguém pode ser obrigado a aceitar a testamentaria, pois se trata de um encargo privado e não público. A recusa não precisa ser motivada.

A aceitação pode ser expressa, se houver declaração nesse sentido, firmada num termo, subscrito pelo testamenteiro e juiz (CPC, art. 1.127, parágrafo único); tácita, se houver início da execução testamentária sem qualquer pronunciamento; ou presumida, se o testamenteiro aceitar legado feito a ele para esse fim.

Aceita, no entanto, a testamentária, qualifica-se como pessoal e intransferível ou indelegável, não obstante a lei permita a designação de representante em juízo (CC, art. 1.985).

Pode haver renúncia à testamentaria, mediante comunicação ao magistrado, com justificativas da renúncia, segundo dispõe o art. 1.141 do CPC.

11.4 Espécies de testamenteiro

Há o testamenteiro universal que é aquele a quem foi atribuída a posse e a administração dos bens (CC, art. 1.978). Incumbe-lhe, nesse caso, requerer a abertura do inventário e cumprir o testamento (CC, art. 1.978 e CPC, art. 990, IV).

---

9. Maria Helena Diniz, *Curso de Direito Civil Brasileiro*, vol. 6, *Direito das Sucessões*, cit., pp. 323-324.

10. Idem, ibidem, p. 325.

Há o testamenteiro particular que é aquele a quem não foi atribuída a posse e a administração dos bens, de modo que a ele cabe, no caso, exigir do herdeiro os meios aptos para cumprir as disposições testamentárias.

Pode, se não houver cônjuge sobrevivente, descendentes, ascendentes, ou se eles não quiserem a posse e a administração da herança, conceder o testador ao testamenteiro a posse e a administração da herança ou de parte dela para, com isso, facilitar-lhe o exercício da testamentaria.

11.5 Deveres e ônus do testamenteiro

Cabe ao testamenteiro:

a) Apresentar em juízo o testamento para cumprimento das formalidades de abertura ou publicação, registro e ordem de cumprimento ou solicitar ao magistrado que ordene a intimação de terceiro para que exiba em juízo o testamento que estiver em seu poder (CC, art. 1.979).

b) Cumprir as obrigações do testamento no prazo ou na falta deste em 180 dias contados da aceitação (CC, art. 1.983). O prazo pode ser dilargado se houver litígio pela herança ou questões complexas não solucionadas a tempo pelo testamenteiro.[11]

c) Defender a validade do testamento. Há controvérsias. Para alguns, ele é obrigado a defender a validade do testamento enquanto para outros não é obrigado a sustentar atos de última vontade ilegais. Na defesa do testamento, pode agir sozinho ou ser auxiliado pelos herdeiros e inventariante (CC, art. 1.981). Cabe-lhe, não importa as circunstâncias, postular a subsistência do testamento, sendo-lhe vedado confessar a nulidade ou pleitear o seu descumprimento.

Nas ações de nulidade, anulação ou ineficácia do testamento, o testamenteiro é litisconsorte necessário, deve ser citado, sob pena de nulidade do processo.

d) Exercer as funções de inventariante quando lhe forem concedidas a posse e a administração da herança. Tais funções, no entanto, não o autorizam a vender bens do acervo por vontade própria.

---

11. Carlos Roberto Gonçalves, *Direito Civil Brasileiro*, cit., p. 443.

e) Prestar contas da testamentaria, em forma mercantil, com a descrição das receitas, despesas e saldo, ainda que dispensado por cláusula testamentária pelo testador, hipótese em que o art. 1.135 do CPC a considera ineficaz.

f) Defender a posse dos bens da herança.

g) Exercer outras atribuições conferidas pelo testador, nos limites da lei (CC, art. 1.982).

11.6 Direitos do testamenteiro

O testamenteiro tem o direito de receber o valor gasto no desempenho do encargo (CC, art. 1.980).

Ele tem igualmente o direito a receber um prêmio chamado vintena pelo exercício do cargo de testamenteiro se não ostentar, também, a qualidade de herdeiro ou legatário. Se o testamenteiro for herdeiro legítimo, mas não tiver sido contemplado no testamento também terá direito à percepção da vintena. De acordo com Silvio Rodrigues, "hoje a grande maioria dos doutrinadores e dos julgados entende que o herdeiro legítimo tem direito à vintena quando exerce a testamentaria. Primeiro, porque testamentaria é tema de sucessão testamentária e o herdeiro legítimo herda por força da lei; segundo, porque, se não lhe coubesse o prêmio, sua função seria exercida gratuitamente, pois aquilo que recebe na sucessão resulta de sua qualidade de herdeiro legítimo e não de sua condição de testamenteiro".[12]

Ainda de acordo com Silvio Rodrigues "se o testamenteiro foi instituído herdeiro ou legatário, não pode reclamar a vintena, pois se presume que a deixa testamentária lhe foi concedida justamente para retribuir os esforços realizados na execução do testamento".[13]

Admite, no entanto, o art. 1.988 do CC que o herdeiro ou o legatário nomeado testamenteiro possa preferir o prêmio à herança ou ao legado, pois, pode ocorrer que, em virtude do vulto da herança e da modéstia do legado, ao testamenteiro convenha renunciar a este para pleitear o prêmio e, de acordo com Carlos Roberto Gonçalves, nada obs-

---

12. *Direito Civil*, vol. 7, *Direito das Sucessões*, cit., p. 281.
13. Idem, p. 280.

ta que, antes da renúncia, solicite ao juiz que fixe a taxa da vintena, para depois declarar se prefere esta ou o legado.[14]

A vintena, se não for fixada pelo testador, será arbitrada pelo magistrado entre um e cinco por cento de toda a herança líquida (CC, art. 1.987). Havendo herdeiros necessários a vintena incide sobre a metade disponível (CC, art. 1.987, parágrafo único).

A vintena reverterá em favor da herança, se o testamenteiro a perder por ser removido ou por não ter cumprido o testamento (CC, art. 1.989).

11.7 Destituição do testamenteiro

O testamenteiro pode ser destituído de ofício, a requerimento dos interessados ou do Ministério Público se o testamenteiro realizou despesas consideradas ilegais ou em desacordo com o testamento (CPC, art. 1.140, I), se ele não cumpriu o testamento (CPC, art. 1.140, II), se foi acometido por incapacidade superveniente ou se patrocinou interesses contrários ao espólio.[15]

Nos casos de destituição, o testamenteiro perde do direito a vintena.

11.8 Cessação da testamentaria

Termina a testamentaria com a demonstração pela prestação de contas do cumprimento dos encargos.

A testamentaria cessa, igualmente, com o esgotamento do prazo, exceto se houver prorrogação por motivo suficiente, conforme determina o CC, art. 1.983, parágrafo único.

A morte do testamenteiro acarreta o término da testamentaria pelo caráter personalíssimo, indelegável e intransferível aos sucessores (art. 1.985).

A anulação, a destituição, a incapacidade superveniente, a renúncia justificada e aceita também são causas do término da testamentaria.

---

14. *Direito Civil Brasileiro*, cit., p. 452.
15. Maria Helena Diniz, *Curso de Direito Civil Brasileiro*, vol. 6, *Direito das Sucessões*, cit., p. 333.

Capítulo 12
INVENTÁRIO E PARTILHA

12.1 Inventário. 12.2 Espécies de inventário. 12.3 Fases do inventário. 12.4 A partilha: 12.4.1 Conceito – 12.4.2 Espécies de partilha – 12.4.3 Da nulidade, anulabilidade e rescisão da partilha. 12.5 Medidas para garantir a igualdade na partilha: 12.5.1 Colação: 12.5.1.1 Obrigados a colacionar – 12.5.1.2. Momento da colação – 12.5.1.3 Valor da colação – 12.5.1.4 Bens excluídos da colação – 12.5.2 Sonegados: 12.5.2.1 Efeitos. 12.6 Da adjudicação dos bens inventariados. 12.7 Sobrepartilha. 12.8 Erro de fato e inexatidões materiais. 12.9 Ações referentes à herança: 12.9.1 Ações contra o espólio.

12.1 Inventário

O inventário é um procedimento que etimologicamente indica o ato de relacionar, arrolar inventariar bens. Trata-se de gênero de processo judicial que visa a realizar a sucessão dos bens deixados pelo autor da herança, mediante a conclusão da partilha. É o processo judicial (CC, art. 1.796; CPC, art. 982) com vistas à relação, descrição, avaliação e liquidação de todos os bens pertencentes ao *de cujus* ao tempo de sua morte, para distribuí-los entre seus sucessores.[1]

No inventário são relacionados todos os bens a partilhar entre os herdeiros e que resultam da operação de subtração da meação do monte-mor líquido ou partível.

Por monte-mor entendemos o valor de todos os bens a partilhar, incluindo-se no acervo a parte do cônjuge supérstite para a subsequente paga da meação. O monte-mor, menos as dívidas e despesas, corres-

---

1. Maria Helena Diniz, *Curso de Direito Civil Brasileiro*, vol. 6, *Direito das Sucessões*, 25ª ed., São Paulo, Saraiva, 2011, p. 406.

ponde ao monte-mor líquido. O monte-mor líquido, menos a meação devida ao cônjuge sobrevivente, corresponde aos bens a partilhar entre os herdeiros.[2]

O objetivo do inventário é realizar a partilha de bens entre os herdeiros. Partilhar significa dividir, distribuir.

A partilha pode ser judicial quando houver divergências no modo de realizá-la entre os herdeiros ou quando houver incapaz (CC, art. 2.016).

A partilha pode ser amigável quando os herdeiros forem maiores e capazes e estiverem de acordo em como realizá-la (CC, art. 2015). Nesse caso, a partilha amigável poderá ser feita por escritura pública, termo nos autos do inventário, ou escrito particular, homologado pelo juiz, conforme determina o CPC, art. 1.031: "A partilha amigável, celebrada entre partes capazes, nos termos do art. 2.015 da Lei n. 10.406, de 10 de janeiro de 2002 – Código Civil, será homologada de plano pelo juiz, mediante a prova da quitação dos tributos relativos aos bens do espólio e à suas rendas, com observância dos arts. 1.032 a 1.035 desta Lei".

A partilha pode ser feita por ato entre vivos desde que o autor da herança seja ascendente dos herdeiros e a partilha não prejudique a legítima dos herdeiros necessários (CC, art. 2.018).

12.2 Espécies de inventário

Temos quatro espécies de inventário.

O inventário tradicional e solene, que será analisado abaixo.

O inventário pelo rito de *arrolamento sumário*, cabível quando houver herdeiros maiores e capazes (CPC, art. 1.031).

O *arrolamento sumário* constitui forma simplificada de inventário e partilha concedida quando todos os herdeiros forem capazes e concordarem em partilhar amigavelmente os bens deixados pelo falecido, qualquer que seja o seu valor. Desenvolve-se pela apresentação de partilha amigável, por escritura pública, termo nos autos do inventário ou escrito particular para homologação judicial mediante prova da quitação dos tributos relativos aos bens do espólio e suas rendas.

2. Mor é forma sincopada de maior. Monte maior é o conjunto de bens de uma herança, tudo que pertencia ao *de cujus*.

De acordo com art. 1.032 do CPC, os herdeiros, na petição de inventário, após declararem os títulos dos herdeiros e os bens do espólio e atribuírem o valor de tais bens para fins de partilha, pedem ao juiz a nomeação do inventariante por eles designados.

A partilha é homologada de plano pelo magistrado diante da prova de quitação dos tributos.

O inventário pelo rito de *arrolamento* é cabível quando os bens a serem partilhados somam valor igual ou inferior a 2.000 ORTNS (CPC, art. 1.036). Constitui, igualmente, forma simplificada de inventário de bens destinado, no entanto, para bens de pequeno valor, ainda que haja herdeiros incapazes ou ausentes.

O inventariante apresentará suas declarações com a estimativa do valor dos bens do espólio e o plano de partilha, que deve conter os orçamentos e respectivas folhas de pagamento a cada parte, com os dados completos.

Os herdeiros serão citados para impugnar o plano apresentado, propor novo esboço e requerer manifestação judicial, que deverá atender à igualdade dos quinhões.

Provada a quitação dos tributos incidentes sobre os bens do espólio e rendas, a partilha será julgada, o imposto *causa mortis* recolhido e expedido o formal de partilha ou a carta de adjudicação.

O *inventário administrativo* está previsto pela Lei 11.441, de 4.1.2007, que alterou a redação dos arts. 982 e 1.031 do CPC para permitir que herdeiros capazes e concordes, devidamente assistidos por advogado comum ou próprio, possam fazer o inventário e a partilha por escritura pública, a qual constituirá título hábil para o registro imobiliário e outros fins, como a transferência da propriedade de bens móveis, o levantamento de valores depositados em instituições financeiras, alterações perante a Junta Comercial, como determina o art. 3º da Resolução n. 35 do Conselho Nacional de Justiça.

É vedada a lavratura de escritura pública de inventário e partilha referente a bens localizados no exterior (art. 29 da Resolução n. 35).

A escritura pública de inventário e partilha pode ser lavrada a qualquer tempo, cabendo ao tabelião fiscalizar o recolhimento de eventual multa, conforme previsão em legislação tributária estadual e distrital específicas (art. 31 da Resolução n. 35).

O tabelião poderá se negar a lavrar a escritura de inventário ou partilha se houver fundados indícios de fraude ou em caso de dúvidas sobre a declaração de vontade de algum dos herdeiros, fundamentando a recusa por escrito (art. 32 da Resolução n. 35).

Segundo o art. 8º da referida Resolução "é necessária a presença do advogado, dispensada a procuração, ou do defensor público, na lavratura das escrituras decorrentes da Lei 11.441/07, nelas constando seu nome e registro na OAB".

O tabelião, no entanto, segundo o art. 9º da Resolução n. 35, está proibido de indicar advogado às partes, que deverão comparecer ao ato notarial acompanhadas de profissional de sua confiança. Se as partes não dispuserem de condições econômicas para contratar advogado, o tabelião deverá recomendar-lhes a Defensoria Pública, onde houver, ou, na sua falta, a Seccional da Ordem dos Advogados do Brasil.

É obrigatória a nomeação de interessado, na escritura pública de inventário e partilha, para representar o espólio, com poderes de inventariante, no cumprimento de obrigações ativas ou passivas pendentes, sem necessidade de seguir a ordem prevista no art. 990 do CPC, conforme determina o art. 11 da Resolução n. 35 do CNJ.

Admitem-se inventário e partilha extrajudiciais com viúvo(a) ou herdeiro(s) capazes, inclusive por emancipação, representado(s) por procuração formalizada por instrumento público com poderes especiais, vedada a acumulação de funções de mandatário e de assistente das partes, conforme determina o art. 12 da Resolução n. 35. Os cônjuges dos herdeiros deverão comparecer ao ato de lavratura da escritura pública de inventário e partilha quando houver renúncia ou algum tipo de partilha que importe em transmissão, exceto se o casamento se der sob o regime da separação absoluta, de acordo com o art. 17 da Resolução n. 35.

As partes e respectivos cônjuges devem estar, na escritura, nomeados e qualificados (nacionalidade; profissão; idade; estado civil; regime de bens; data do casamento; pacto antenupcial e seu registro imobiliário, se houver; número do documento de identidade; número de inscrição no CPF/MF; domicílio e residência) (art. 20 da Resolução n. 35) A escritura pública de inventário e partilha conterá a qualificação completa do autor da herança; o regime de bens do casamento; pacto antenupcial e seu registro imobiliário, se houver; dia e lugar em que faleceu o autor da herança; data da expedição da certidão de óbito; livro, folha, número do termo e unidade de serviço em que consta o registro do óbito; e a menção ou declaração dos herdeiros de que o autor da herança não deixou testamento e outros herdeiros, sob as penas da lei (art. 21 da Resolução n. 35).

Na lavratura da escritura deverão ser apresentados os seguintes documentos: a) certidão de óbito do autor da herança; b) documento de identidade oficial e CPF das partes e do autor da herança; c) certidão comprobatória do vínculo de parentesco dos herdeiros; d) certidão de casamento do cônjuge sobrevivente e dos herdeiros casados e pacto antenupcial, se houver; e) certidão de propriedade de bens imóveis e direitos a eles relativos; f) documentos necessários à comprovação da titularidade dos bens móveis e direitos, se houver; g) certidão negativa de tributos; e h) Certificado de Cadastro de Imóvel Rural – CCIR, se houver imóvel rural a ser partilhado (art. 22 da Resolução n. 35).

Os documentos apresentados no ato da lavratura da escritura devem ser originais ou em cópias autenticadas, salvo os de identidade das partes, que sempre serão originais (art. 23 da Resolução n. 35).

A escritura pública pode ser retificada desde que haja o consentimento de todos os interessados. Os erros materiais poderão ser corrigidos, de ofício ou mediante requerimento de qualquer das partes, ou de seu procurador, por averbação à margem do ato notarial ou, não havendo espaço, por escrituração própria lançada no livro das escrituras públicas e anotação remissiva, conforme determina o art. 13 da Resolução n. 35 do CNJ.

O recolhimento dos tributos incidentes deve anteceder a lavratura da escritura.

Havendo um só herdeiro, maior e capaz, com direito à totalidade da herança, não haverá partilha, lavrando-se a escritura de inventário e adjudicação dos bens (art. 26 da Resolução n. 35).

É possível a promoção de inventário extrajudicial por cessionário de direitos hereditários, mesmo na hipótese de cessão de parte do acervo, desde que todos os herdeiros estejam presentes e concordes, conforme determina o art. 16 da Resolução n. 35.

O(a) companheiro(a) que tenha direito à sucessão é parte, observada a necessidade de ação judicial se o autor da herança não deixar outro sucessor ou não houver consenso de todos os herdeiros, inclusive quanto ao reconhecimento da união estável (art. 18 da Resolução n. 35).

A meação de companheiro(a) pode ser reconhecida na escritura pública, desde que todos os herdeiros e interessados na herança, absolutamente capazes, estejam de acordo (art. 19 da Resolução n. 35).

É admissível a sobrepartilha por escritura pública, ainda que referente a inventário e partilha judiciais já findos, mesmo que o herdeiro, hoje maior e capaz, fosse menor ou incapaz ao tempo do óbito ou do processo judicial (art. 25 da Resolução n. 35).

A existência de credores do espólio não impedirá a realização do inventário e partilha, ou adjudicação, por escritura pública (art. 27 da Resolução n. 35).

É admissível inventário negativo por escritura pública (art. 28. da Resolução n. 35).

12.3 Fases do inventário

O inventário inicia-se com o pedido de abertura

Esse pedido deve ser feito no prazo de 60 dias contados da morte do autor da herança (CPC, art. 983) ou no prazo de 30 dias a contar da abertura da sucessão, nos termos do art. 1.796 do CC,[3] sob pena de imposição de multa de 10% ou 20% a depender do período de atraso, sobretudo porque, de acordo com a Súmula 542 do STF: "Não é inconstitucional a *multa* instituída pelo Estado-membro, como sanção pelo retardamento do início ou da ultimação do inventário".

Estão legitimadas a pedir a abertura do inventário as pessoas mencionadas nos arts. 987 a 989 do CPC. O pedido deve ser feito por quem estiver na posse e administração dos bens do falecido (espólio). Podem requerê-lo, no entanto, o cônjuge sobrevivente, o herdeiro, o legatário, o testamenteiro, o cessionário do herdeiro ou do legatário, o credor do herdeiro, do legatário ou do autor da herança, o síndico da falência do herdeiro, do legatário, do autor da herança ou do cônjuge sobrevivente,

---

3. A meu ver deve prevalecer o prazo maior para abertura do inventário.

o Ministério Público, se houver incapazes e a Fazenda Pública quando tiver interesse.

No entanto, no prazo do art. 983 do CPC, a iniciativa para pleitear o inventário é privativa da pessoa que estiver na posse e administração dos bens do espólio, inclusive a companheira. Só após decorrido o prazo legal, sem manifestação, estão as pessoas enumeradas no art. 988 do CPC autorizadas a fazê-lo.

Se nenhum dos legitimados ordinários ou concorrentes habilitar-se a requerer a abertura do inventário, o juiz determinará, de ofício, o início, segundo dispõe o art. 989 do CPC.

Prossegue com a nomeação do inventariante.

Inventariante é a pessoa que tem, entre outras, a função de administrar os bens do espólio e representá-lo legalmente enquanto não for ultimada a partilha. A inventariança não pode ser exercida conjuntamente por duas ou mais pessoas; é encargo pessoal que gera responsabilidade daquele que a exerce.[4]

As funções da inventariante estão descritas nos arts. 991 e 992 do CPC, entre elas:

a) representar o espólio ativa e passivamente em juízo ou fora dele;

b) administrar o espólio, cuidar dos bens com a mesma diligência como se seus fossem;

c) prestar as primeiras e últimas declarações pessoalmente ou por procurador com poderes especiais;

d) exibir em cartório, em qualquer tempo, para exame das partes, os documentos relativos ao espólio;

e) juntar aos autos certidão do testamento, se houver;

f) trazer à colação os bens recebidos pelo herdeiro ausente, renunciante ou excluído;

g) prestar contas de sua gestão ao deixar o cargo ou sempre que o juiz lhe determinar. Esta prestação de contas processa-se como inciden-

---

4. Maria Helena Diniz, *Curso de Direito Civil Brasileiro*, vol. 6, *Direito das Sucessões*, cit., pp. 408 e ss.

te do inventário, sujeita ao princípio do contraditório, determinada de ofício ou a requerimento de herdeiro, sob cominação de remoção (CPC, art. 995, V).

h) alienar bens de qualquer espécie, ouvidos os interessados e com autorização do juiz;

i) transigir em juízo ou fora dele;

j) pagar dívidas do espólio;

k) fazer as despesas necessárias com a conservação e o melhoramento dos bens do espólio.

A nomeação de inventariante pode recair sobre qualquer das pessoas previstas no art. 990 do CPC observada aquela ordem de preferência. Pode ser nomeado inventariante o cônjuge sobrevivente casado sob o regime de comunhão, desde que estivesse convivendo com o autor da herança ao tempo da morte dele; o herdeiro que se achar na posse e administração do espólio; qualquer herdeiro; o testamenteiro; o inventariante judicial; pessoa estranha idônea, onde não houver inventariante judicial.

O inventariante não tem direito a remuneração pelos encargos da inventariança, exceto se for dativo, mas terá direito ao reembolso do que gastou no exercício da inventariança e reverteu em benefício de todos.[5]

O inventariante negligente poderá ser responsabilizado na forma do direito comum pelos prejuízos que causou dolosa ou culposamente ou ser removido.

Segue com a apresentação das primeiras declarações.

As primeiras declarações devem conter a qualificação do autor da herança, o dia e lugar em que faleceu e se deixou testamento; a qualificação dos herdeiros e grau de parentesco com o autor da herança; a relação de todos os bens do espólio e respectivas dívidas e a relação de bens alheios encontrados nos imóveis do espólio (CPC, art. 993).

---

5. Maria Helena Diniz, *Curso de Direito Civil Brasileiro*, vol. 6, *Direito das Sucessões*, cit., p. 410.

Prossegue com a citação dos interessados (CPC, art. 999).

Realizadas as primeiras declarações, o juiz mandará citar os herdeiros, os legatários, o cônjuge, a Fazenda Pública, o Ministério Público, se houver incapaz ou ausente, e o testamenteiro, se o falecido deixou testamento.

Após a citação, abre-se vista às partes, em cartório e pelo prazo comum de dez dias, para que as partes digam sobre as primeiras declarações (CPC, art. 1.000).

Nessa oportunidade, cabe à parte arguir erros e omissões, reclamar contra a nomeação do inventariante, contestar a qualidade de quem foi incluído no título de herdeiro.

Segue-se decisão judicial sobre a impugnação (CPC, art. 1.000, parágrafo único).

A decisão pode acolher o argumento de erros e omissões e determinar a retificação das primeiras declarações.

Pode também aceitar a reclamação contra a nomeação do inventariante e nomear outro, observada a preferência legal.

É possível, além disso, verificar se a contestação da qualidade de herdeiro constitui matéria de alta indagação, conforme determina o art. 984 do CPC, o que remeterá a parte para os meios ordinários e sobrestará, até o julgamento da ação, a entrega do quinhão que na partilha couber ao herdeiro admitido. A reserva de bens do herdeiro excluído é medida cautelar inserta no inventário e se sujeita aos requisitos necessários à concessão das medidas cautelares, como a aparência de direito e perigo da demora.

Questão de alta indagação não é uma intrincada, difícil e debatida questão de direito, mas fato incerto que depende de prova a ser colhida em outro feito, a vir de fora do processo.

Segue-se com a avaliação dos bens.

De acordo com o art. 1.003 do CPC, o juiz nomeará um perito para avaliar os bens do espólio, se não houver na comarca avaliador judicial. A nomeação segue o procedimento previsto nos arts. 145 a 147 do CPC.

A avaliação dos bens poderá ser dispensada, quando se tratar de bens imóveis, caso os valores sejam comprovados com lançamentos fiscais e desde que não haja impugnação (CPC, arts. 1.003 a 1.010).

Resolvidas as impugnações suscitadas, lavra-se em seguida o termo de últimas declarações.

Nas últimas declarações, o inventariante poderá emendar, aditar ou completar as primeiras. As últimas declarações marcam o termo inicial para a arguição de sonegação de bens pelo inventariante, conforme determina o art. 994 do CPC: "Só se pode arguir de sonegação ao inventariante depois de encerrada a descrição dos bens, com a declaração, por ele feita, de não existirem outros por inventariar". Destarte, segundo o STJ, "a ação de sonegados deve ser intentada após as últimas declarações prestadas no inventário, no sentido de não haver mais bens a inventariar. Sem haver a declaração, no inventário, de não haver outros bens a inventariar, falta à ação de sonegados uma das condições, o interesse processual, em face da desnecessidade de utilização do procedimento" (STJ, *RT* 816/180, 4ª Turma).

Prossegue com o cálculo do imposto de transmissão *causa mortis* (CPC, art. 1.012). Segue com o pedido de quinhões, deliberação de partilha, esboço e auto de partilha. Prossegue com a juntada das certidões negativas fiscais. Há a homologação da partilha. Após o trânsito em julgado expede-se o formal de partilha.

12.4 A partilha

12.4.1 Conceito

A partilha é a divisão dos bens da herança segundo o direito hereditário dos que sucedem e na consequente e imediata adjudicação dos quocientes assim obtidos aos diferentes herdeiros. A partilha representa a repartição, divisão ou distribuição das relações jurídicas deixadas pelo falecido entre os diferentes herdeiros, na proporção dos respectivos direitos hereditários.

12.4.2 Espécies de partilha

Amigável.

A partilha amigável é a promovida de *comum acordo entre herdeiros maiores e capazes*. Pode ser realizada no processo de inventário ou de arrolamento por termo nos autos, escritura pública, ou escrito particular levado ao processo. A partilha amigável deve ser *homologada por sentença* (CC, art. 2.015).

Judicial.

É a partilha decidida pelo magistrado. A partilha judicial ocorre *no caso de haver herdeiro incapaz ou de divergência entre os herdeiros* (CC, art. 2.016).

Deve o juiz observar algumas regras na partilha, como:

a) buscar a maior igualdade possível entre os herdeiros quanto ao valor, natureza e qualidade dos bens, conforme previsto no art. 2.017 do CC. A igualdade maior possível é a que não prejudica algum dos herdeiros; é a igualdade que atenda às circunstâncias e que não fragmente a propriedade; é a que evite o estado de comunhão e atenda, sempre que possível, à comodidade dos herdeiros contemplados. Boa é a partilha quando os quinhões de herdeiro do mesmo grau mais ou menos se equiparam, não apenas quanto ao valor, mas também relativamente ao gênero, espécie e qualidade dos bens;

b) prevenir litígios futuros, evitar a divisão de bens, declarar com exatidão as confrontações dos imóveis, evitar a comunhão;

c) consultar a comodidade dos herdeiros e adjudicar-lhes os bens que lhe forem mais proveitosos.[6]

Para tanto, deve permitir às partes que formulem o pedido de quinhão. Com efeito, segundo o art. 1.022 do CPC, o juiz facultará às parte que formulem o pedido de quinhão.

Em seguida, definir por despacho, denominado *deliberação de partilha*, os critérios a serem obedecidos na divisão, decidir sobre os pedidos das partes e designar os bens que devem constituir o quinhão de Zcada herdeiro ou legatário. Se o bem imóvel não couber no quinhão

6. Idem, ibidem, pp. 467-468.

de um só herdeiro ou não admitir divisão cômoda, será alienado em leilão (CPC, art. 1.117, I) e o valor obtido partilhado entre os herdeiros.

Após, encaminhar os autos ao partidor para que elabore o esboço de partilha, de acordo com as prescrições do art. 1.023 do CPC, isto é, observada a seguinte ordem de pagamento: dívidas atendidas; meação do cônjuge; meação disponível; quinhões hereditários, a começar pelo co-herdeiro mais velho.

Elaborado o esboço, as parte sobre ele se manifestarão no prazo comum de cinco dias. Resolvida as reclamações, será a partilha lançada nos autos (CPC, art. 1.024).

A partilha terá um auto de orçamento e uma folha de pagamento.

O auto de orçamento mencionará os nomes do autor da herança, do inventariante, do cônjuge sobrevivente, dos herdeiros, dos legatários, dos credores admitidos, o ativo, o passivo, o líquido partível, com as necessárias especificações e o valor de cada quinhão.

Na folha de pagamento constará, para cada parte, a declaração da quota a ser, a razão do pagamento, a relação dos bens que lhe compõem o quinhão, as características que os individualizam e os ônus que os gravam.

Pago o imposto de transmissão, a título de morte, juntadas aos autos as certidões tributárias negativas de dívidas com a Fazenda Pública, o juiz julgará a partilha por sentença (CPC, art. 1.026 e CTN, art. 192).

O julgamento da partilha põe fim à comunhão hereditária e provoca o desaparecimento da figura do espólio, sucedido pelo herdeiro a quem for atribuído o direito ou o bem, de modo que o espólio não pode mais ajuizar ações depois de julgada a partilha.

Com o julgamento da partilha, segundo o art. 2.023 do CC, o direito de cada herdeiro estará limitado aos bens de seu quinhão, o que atribui à partilha uma consequência declaratória, porquanto antes dela, segundo o art. 1.791 do CC, os co-herdeiros teriam indivisibilidade de seu direito à posse e ao domínio dos bens partilháveis. A partilha põe fim ao estado de comunhão, de forma que o herdeiro, antes condômino e compossuidor, agora passa a ser senhor e possuidor de quota determinada especificadamente. Maria Helena Diniz extrai do caráter declaratório da partilha as seguintes consequências: a) o herdeiro, por ser proprietário, poderá praticar atos de alienação, que serão válidos; b) o herdeiro poderá ceder a outrem seus direitos de modo abstrato e ideal, sem ter que aguardar a divisão dos bens; c) a cessão de direitos hereditários não precisará do consentimento dos demais co-herdeiros; d) a constituição de um direito real de garantia sobre bem do espólio não atribuído ao constituinte, mas a herdeiro diverso, ficará sem efeito; e) o quinhão de cada um não responde pelas dívidas pessoais do outro.[7]

Com o trânsito em julgado da sentença que homologou a partilha, o herdeiro receberá os bens que lhe tocarem e um formal de partilha, com as seguintes peças: a) termo de inventariante e título de herdeiros; b) avaliação dos bens que constituíram o quinhão do herdeiro; c) pagamento do quinhão hereditário; d) quitação dos impostos; e) sentença (CPC, art. 1.027).

A partilha, mesmo depois de transitada em julgado, pode ser aditada ou retificada nos mesmos autos do inventário, quando houver erro de fato na descrição dos bens ou inexatidões materiais, que de qualquer modo impeçam a produção de efeitos dela decorrente (CPC, art. 1.028).

Partilha por ato entre vivos.

A *partilha pode ser feita por ato entre vivos*.

Os pais (ou ascendentes), em vida, podem partilhar os bens, conforme o art. 2.018 do CC. Nesse caso a partilha tem o caráter de doação e não de sucessão de pessoas vivas. Os filhos contemplados não são considerados herdeiros, mas donatários, enquanto viver o doador. Desta consideração resulta que a partilha pode ser revogada por ingratidão (CC, art. 557) e está sujeita a rescisão pelos credores que por ela forem fraudados.

A partilha-doação se sujeita às regras das doações com relação à forma, à capacidade, à aceitação, ao respeito das legítimas dos herdeiros necessários, à colação. O pai partilhante deve ter, no momento do contrato, a capacidade necessária para dispor por ato entre vivos e a partilha compreende apenas os bens presentes e não os bens futuros.[8]

Se a partilha é feita por testamento, os herdeiros legítimos não perdem a sua qualidade e a sucessão não se torna testamentária. O ato de

---

7. Idem, p. 470.
8. Idem, pp. 467-468.

última vontade será neste caso apenas distributivo de quinhões, porém não gerador de direitos hereditários. Pode o testador apontar os bens e os valores integrantes dos quinhões hereditários, de modo que ele delibere sobre a partilha, o que é possível, salvo se o valor dos bens não corresponder às quotas estabelecidas (CC, art. 2.014), caso em que haverá redução ou aumento da quota hereditária. O testador, por qualquer uma das formas de testamento previstas no Código Civil, pode atribuir aos herdeiros necessários quinhões desiguais, que, contudo, serão contabilizadas na sua parte disponível, de modo que ele pode contemplar mais um herdeiro do que outro, contanto que não lhe prejudique a legítima. Recolhem o quinhão hereditário testado os descendentes do herdeiro que morrer antes do disponente.[9]

12.4.3 Da nulidade, anulabilidade e rescisão de partilha

A *partilha amigável* deve ser invalidada por ação anulatória ou declaratória de nulidade, conforme a natureza do vício contido no ato jurídico, que pode ser o erro essencial, o dolo, a coação ou a incapacidade.

Decai o interessado em um ano do direito de propor a ação anulatória de partilha amigável, contado no caso de coação, do dia em que ela cessou; no de erro ou dolo, do dia em que se realizou o ato; quanto ao incapaz, do dia em que cessar a incapacidade (CPC, art. 1.029).

A *partilha judicial* deve ser invalidada por ação rescisória. É rescindível a partilha julgada por sentença no caso de erro essencial, dolo, coação ou incapacidade; feita com preterição das formalidades legais; se preteriu herdeiro ou incluiu quem não o seja (CPC, art. 1.030). É de dois anos, contado do trânsito em julgado da decisão, o prazo decadencial para propositura de ação rescisória.

Caso a partilha amigável ou judicial tenha sido realizada com a exclusão de herdeiro que não participou do inventário haverá nulidade absoluta e nesse caso o herdeiro prejudicado não fica vinculado à ação de anulação, nem à ação rescisória e respectivos prazos de decadência, de modo que pode propor ação de nulidade ou de petição de

---

9. Idem, p. 465.

herança dentro do prazo maior de dez anos, conforme determina o art. 205 do CC.[10]

A partilha, divisão declaratória de propriedade, obriga os co-herdeiros a se indenizarem mutuamente, em dinheiro, na proporção de suas quotas hereditárias, se houver evicção dos bens distribuídos (CC, art. 2.024), com o propósito de assegurar a igualdade na partilha (CC, art. 2.025), pois que ela seria afetada se o herdeiro evicto fosse obrigado a suportar o dano causado pela perda do bem. Desse modo se impõe, como regra, o rateio entre os co-herdeiros, exceto se houver acordo de dispensa dos riscos da evicção, se a evicção ocorrer por causa subsequente à partilha ou se a evicção ocorrer por culpa do herdeiro evicto. A quota-parte do herdeiro insolvente será arcada pelos demais, na mesma proporção, excluída a parcela que caberia ao indenizado (CC, art. 2.026).[11]

O legatário atingido pela evicção do bem recebido não terá, no entanto, direito a ser indenizado porque, por não ser herdeiro, não estaria protegido pelo princípio da igualdade da partilha.[12]

12.5 Medidas para garantir a igualdade na partilha

12.5.1 Colação

Denomina-se *colação* o procedimento pelo qual o descendente traz à partilha bem ou respectivo valor recebido em vida do *de cujus* por dote ou doação. A colação, segundo Maria Helena Diniz, "é uma conferência dos bens da herança com outros transferidos pelo *de cujus*, em vida, aos seus descendentes quando concorrerem à sucessão do ascendente comum, e ao cônjuge sobrevivente, quando concorrer com descendente do *de cujus*, promovendo o retorno ao monte das liberalidades feitas pelo autor da herança antes de finar, para uma equitativa apuração das quotas hereditárias dos sucessores legitimários".[13] É o ato pelo qual os herdeiros descendentes que concorrem à sucessão do ascendente comum declaram no inventário as doações que dele em vida receberam,

---
10. Idem, p. 473.
11. Idem, pp. 470-471.
12. Idem, p. 471.
13. *Curso de Direito Civil Brasileiro, Direito das Sucessões*, cit., pp. 451-452.

sob pena de sonegados, para que sejam conferidas e igualadas as respectivas legítimas.[14]

A colação tem por fim igualar as legítimas dos herdeiros (CC, art. 2.003). Ela está fundamentada na vontade presumida do falecido, daí por que *a dispensa da colação exige vontade expressa do autor da herança* declinada no testamento ou no contrato de doação (CC, art. 2.006), não sendo válida quando realizada em outro instrumento, ainda que pela forma pública. Pontes de Miranda considera equívoca a expressão "dispensa da colação" porquanto, para ele, em realidade, não se pré-exclui o dever de colacionar, mas apenas se permite que seja explicitado ter-se posto na metade disponível aquilo que excede a quota do herdeiro necessário ou que lhe foi doado em vida do *de cujus*. Não há dispensa de colação, mas inclusão do que teria de ser colacionado no quanto disponível.[15]

A dispensa, para ser válida, não deve ter ultrapassado a metade disponível do autor da herança.

A dispensa da colação pode constar da escritura de doação ou do testamento em que o *de cujus* manifesta que deve ser incluída na sua quota disponível o que doou em vida e, com isso, destrói a presunção de que o devedor faria uma antecipação da herança.

A colação não altera a doação, nem aumenta a metade disponível do testador.

Os herdeiros descendentes, na sucessão do ascendente, deverão repor em substância, como regra, ou em valor, se já alienados, os bens doados ou dotados pelo autor da herança, a menos que o doador os tenha dispensado de colacionar (CC, art. 2.006).

12.5.1.1 Obrigados a colacionar

O Código Civil determina à colação apenas os descendentes em relação às doações recebida dos ascendentes, mas os ascendentes, colaterais e estranhos não estão sujeitos à colação.

---

14. Carlos Roberto Gonçalves, *Direito Civil Brasileiro*, São Paulo, Saraiva, p. 513.

15. *Tratado de Direito Privado*, vol. 55, cit., p. 312.

Os filhos estão obrigados a colacionar. Se o bem foi doado por ambos os pais no inventário de cada um se conferirá por metade (CC, art. 2.012).

Os netos também estão obrigados a colacionar quando representem seus pais na herança do avô ou quando beneficiários de doações realizadas pelo avô concorram por direito próprio com outros netos.

O cônjuge, quando concorrer com descendentes, deve trazer à colação o valor da doação que, em vida, recebeu do outro cônjuge.

O dever de colacionar persiste mesmo que o herdeiro tenha renunciado à herança, ou dela tenha sido excluído por indignidade, conforme determina o art. 2.008 do CC.

12.5.1.2 Momento da colação

O herdeiro deve trazer o bem à colação no momento em que for intimado para manifestar-se sobre as primeiras declarações.

O magistrado, se julgar procedente o pedido de colação, deve sequestrar os bens para serem inventariados ou partilhados ou imputar no quinhão do herdeiro o valor respectivo se o bem não estiver mais em sua posse (CPC, art. 1.016).

12.5.1.3 Valor da colação

O bem deve ser conferido pelo valor da doação ou pelo valor que tinha ao tempo da liberalidade, embora se recomende sua atualização monetária até a data da abertura da sucessão.

Os bens poderão ser conferidos em espécie, quando não houver no acervo bens suficientes para igualar as legítimas dos descendentes e do cônjuge.

12.5.1.4 Bens excluídos da colação

Estão excluídos da colação:

a) os gastos ordinários com o descendente, enquanto menor, na educação, sustento, vestuário, saúde, ou se estiverem cursando escola superior e não dispuserem de meios próprios para a manutenção, até o limite de 24 anos de idade;

b) os gastos extraordinários, como as despesas de casamento do descendente com enxoval, convites, festa nupcial;

c) as despesas com a defesa do descendente em processo crime; o ressarcimento de prejuízo causado por filho menor a terceiro, em decorrência de ato ilícito, podem ser colacionados

d) as benfeitorias acrescidas aos bens doados;

e) os frutos e rendimentos desses bens, até a data do falecimento do autor da herança, conforme determina do art. 2.004, § 2º, do CC.

12.5.2 Sonegados

O Código Civil impõe ao herdeiro o dever de apresentar qualquer bem do espólio para que seja partilhado sob pena de, não o fazendo, ser considerado sonegador e assim sujeitar-se à pena civil, imposta por sentença em ação ordinária, consistente na perda do direito que tinha sobre o referido bem, omitido ou não colacionado (CC, art. 1.992).

A *finalidade* dessa medida é garantir a integridade de direitos sucessórios e permitir ao fisco a exata cobrança do imposto de transmissão *causa mortis*.

Sonegação é *ocultação dolosa* dos bens do espólio. Segundo Carlos Maximiliano, "sonegado é tudo aquilo que deveria entrar em partilha, porém foi ciente e conscientemente omitido na descrição de bens pelo inventariante, não restituído pelo mesmo ou por sucessor universal, ou doado a herdeiro e não trazido à colação pelo beneficiário com a liberdade. A falta propositada constitui ato de má-fé; por isto a lei a fulmina com especial penalidade".[16] Para Maria Helena Diniz, sonegar é dizer que não tem haveres, tendo; não dizer que possui, possuindo, com a intenção de defraudar um herdeiro, purgando-o de parte da herança, ou de iludir a lei.[17]

Os bens ou não são arrolados propositadamente pelo inventariante ou não são trazidos à colação pelo herdeiro. Francisco Cahali e Giselda Maria Fernandes Novaes Hironaka enumeram as hipóteses que constituem a sonegação: a) a *omissão intencional* dos bens na declaração a

---

16. *Direito das sucessões*, vol. III, n. 1.543, p. 400, *apud* Carlos Roberto Gonçalves, *Direito Civil Brasileiro*, vol. VII, *Direito das Sucessões*, cit., p. 499.

17. *Curso de Direito Civil Brasileiro*, vol. 6, *Direito das Sucessões*, cit., p. 439.

cargo do inventariante; b) *a ocultação dos bens* da herança que estejam em poder do herdeiro ou de terceiro, desde que o soubesse o inventariante; c) *a omissão dos bens* doados pelo testador, sujeitos à colação; d) *a recusa* do herdeiro ou do inventariante de *restituir bens* que devam ser inventariados; e) *a oposição do inventariante* à descrição de bens indicados pelos herdeiros, ou pelos credores.[18]

O sonegador incorre numa pena civil que consiste na perda do direito que sobre os bens sonegados lhe coubesse (CC, art. 1992) ou o pagamento do valor dos bens sonegados, acrescido de perdas e danos, se não mais os tiver em seu poder (CC, art. 1995). Se for inventariante perde, também, o cargo (CC, art. 1.993).

O dolo é elemento fundamental para a caracterização do sonegador. Deve ocorrer, portanto, a *omissão dolosa*, a ocultação dolosa dos bens. O dolo, no entanto, não se presume; deverá ser provado. Na dúvida, deve-se presumir que a ocultação é fruto da ignorância.[19]

A *omissão dolosa deve ser apurada em ação própria* e não no processo de inventário. Essa ação é chamada de *ação de sonegados* (CC, art. 1.994) e deve ser proposta no foro do inventário. Podem propô-la: o inventariante; o herdeiro, o testamenteiro, o credor do espólio, o cessionário de direitos hereditários. *Não podem propor a ação: o legatário e o fisco.*

A ação é proposta contra o sonegador. O sonegador pode ser o inventariante, o herdeiro ou o testamenteiro.

Com relação ao inventariante, temos duas situações. O inventariante-herdeiro e o inventariante-meeiro. Alguns sustentam que apenas o inventariante-herdeiro sonegador é que perderia o direito aos bens, enquanto o inventariante-meeiro não, como Maria Helena Diniz para quem se o inventariante não for sucessor do *de cujus* incorrerá apenas na destituição do cargo, uma vez que se não é herdeiro não poderá perder direito sobre os bens do espólio, já que não o tinha.[20] Outros, como Carlos Roberto Gonçalves e Washington de Barros Monteiro são da

---

18. *Curso Avançado de Direito Civil*, vol. 6, *Direito das Sucessões*, São Paulo, Ed. RT, 2003, p. 527.

19. Maria Helena Diniz, *Curso de Direito Civil Brasileiro*, vol. 6, *Direito das Sucessões*, cit., pp. 439-440.

20. Idem, p. 441.

opinião de que a pena de sonegados no seu duplo aspecto – remoção da inventariança e perda do direito sobre os bens sonegados – tem aplicação ao inventariante herdeiro e a simples destituição do cargo não constituiria penalidade à altura da gravidade da infração.[21] Nesse caso, a regra de que *a omissão dolosa deve ser apurada em ação própria e não no processo de inventário é excepcionada*, em parte, no caso de determinar-se a remoção do inventariante, hipótese em que a remoção, dada a urgência, ocorre no processo de inventário. Entretanto, a perda do direito aos bens pelo inventariante acusado de sonegação somente pode ser decretada por sentença proferida em ação ordinária.[22]

Parece-nos, no entanto, que o inventariante-meeiro não pode ser privado da propriedade do bem que lhe cabe, não pelo título de herdeiro, mas pelo título de meeiro em virtude do regime de bens escolhido no matrimônio. Primeiro, porque isso aniquilaria o seu direito de propriedade, previsto constitucionalmente; segundo porque há uma correlação necessária entre a qualidade de herdeiro e a aquisição da propriedade do bem dissimulado, que justifica a imposição da perda da propriedade àquele que dolosamente o ocultou.

A ação prescreve em dez anos. Inicia-se o prazo a partir do momento em que a ação podia ser proposta, isto é, da negativa de entrega dos bens pelo sonegador ou da última oportunidade que teve para fazê-lo no inventário.

12.5.2.1 Efeitos

A procedência da ação restitui o bem sonegado ao espólio para sobrepartilha. O bem sonegado é devolvido ao monte e partilhado pelos outros herdeiros, como se o sonegador nunca tivesse existido Não se refaz a partilha (CC, art. 2.022).

Caso o bem já tenha sido alienado, a alienação é válida se feita a terceiro de boa-fé; ela não pode ser anulada na ação de sonegados. O sonegador será condenado a pagar a importância recebida mais perdas e danos (CC, art. 1.995).

---

21. Carlos Roberto Gonçalves, *Direito Civil Brasileiro*, vol. VII, *Direito das Sucessões*, p. 502.
22. Nesse sentido Carlos Roberto Gonçalves, idem, p. 504.

A alienação de má-fé não é válida e será anulada.

A morte do sonegador não impede a sobrepartilha, mas afasta a desconsideração do sonegador em função do princípio da pessoalidade da pena.

12.6 Da adjudicação dos bens inventariados

Não há partilha quando existe apenas um herdeiro. Nesse caso há a adjudicação dos bens ao herdeiro.

12.7 Sobrepartilha

A sobrepartilha ou a partilha adicional é uma nova partilha de bens ilíquidos, incertos, remotos ou litigiosos, que, por essas razões, não puderam ser divididos entre os herdeiros, com a finalidade de não atrasar a partilha dos bens certos, líquidos e presentes, conforme determinam os arts. 2.021 e 2.022 do CC e o art. 1.040 e parágrafo único do Código de Processo Civil.[23]

A sobrepartilha tramita no procedimento do inventário, que será reaberto. Repetem-se as fases de declaração dos bens, eventual avaliação, cálculo, recolhimento do imposto *causa mortis*, apresentação de certidões negativas fiscais e partilha.

12.8 Erro de fato e inexatidões materiais

O CPC, no art. 1.028, permite a qualquer momento, mesmo após o trânsito em julgado da sentença, a correção de erro de fato ou inexatidão material na partilha, mediante emenda e aditamento do formal.

12.9 Ações referentes à herança

São aquelas em que a pretensão diz respeito ao direito das sucessões, aos direitos hereditários, à partilha, ao testamento, à petição de herança ou legado, à ação para pedir cumprimento de encargo imposto

---

23. Maria Helena Diniz, *Curso de Direito Civil Brasileiro*, vol. 6, *Direito das Sucessões*, cit., p. 477.

em legado, à ação de sonegados, à exclusão de herdeiro ou de legatário, à de nulidade de testamento e à de nulidade de partilha.

A competência é a do juiz do inventário.

12.9.1 Ações contra o espólio

São aquelas em que o espólio figura como réu, esteja ou não a causa de pedir ligada diretamente ao direito sucessório, como: ação de despejo, ação de cobrança contra o espólio.

Competência: domicílio do autor da herança (CPC, art. 96).

A ação de investigação de paternidade deve ser proposta contra os herdeiros e não contra o Espólio.

BIBLIOGRAFIA

ALMADA, Ney de Melo. *Sucessões*. São Paulo, Malheiros Editores, 2006.

ALVES, José Carlos Moreira. *Direito Romano*, vol. II. 6ª ed. Rio de Janeiro, Forense, 1997.

BEVILAQUA, Clóvis. *Direito das Sucessões*. Campinas, Red Livros, 2000.

_____. *Código Civil dos Estados Unidos do Brasil*. São Paulo, Francisco Alves.

CAHALI, Francisco José e HIRONAKA, Giselda Maria Fernandes Novaes. *Curso Avançado de Direito Civil*, vol. 6: *Direito das Sucessões*. 2ª ed. revista e atualizada. São Paulo, Ed. RT, 2003.

DE PLÁCIDO E SILVA. *Vocabulário Jurídico*, vol. 4. Rio de Janeiro, Forense.

DINIZ, Maria Helena. *Curso de Direito Civil Brasileiro*, vol. 6: *Direito das Sucessões*. 25ª ed. São Paulo, Saraiva, 2011.

_____. *Código Civil Anotado*. 10ª ed. São Paulo, Saraiva, 2004.

GOMES, Orlando. *Sucessões*. 6ª ed. Rio de Janeiro, Forense, 1996.

GONÇALVES, Carlos Roberto. *Direito Civil Brasileiro*, vol. VII: *Direito das Sucessões*. 2ª ed. São Paulo, Saraiva, 2008.

HIRONAKA, Giselda Maria Fernandes. *Comentários ao Código Civil. Parte Especial. Do Direito das Sucessões*. Coord. Antonio Junqueira de Azevedo. São Paulo, Saraiva.

_____, e CAHALI, Francisco José. *Curso Avançado de Direito Civil*, vol. 6: *Direito das Sucessões*. 2ª ed. revista e atualizada. São Paulo, Ed. RT, 2003.

LEITE, Eduardo de Oliveira. *Comentários ao Novo Código Civil: Do Direito das Sucessões*, Arts. 1.784 a 2.027. 3ª ed. Rio de Janeiro, Forense, 2003.

MARCATO, Antonio Carlos. *Procedimentos Especiais*. São Paulo, Atlas, 2010.

MAZEAUD Henri e outros. *Lecciones de Derecho Civil, La Transmisión del Patrimonio Familiar*, 4ª parte, vol. II. Trad. de Luís Alcalá-Zamora e Castilho. Buenos Aires, Ejea.

MONTEIRO, Washington de Barros. *Curso de Direito Civil*, vol. 6: *Direito das Sucessões, de acordo com o Novo Código Civil*. 35ª ed., revista e atualizada por Ana Cristina de Barros Monteiro França Pinto. São Paulo, Saraiva, 2003.

MORAES, Walter. *Programa de Direito das Sucessões: Teoria Geral e Sucessão Legítima*. São Paulo, Ed. RT.

NERY JÚNIOR, Nelson e NERY, Rosa Maria Andrade. *Código de Processo Civil*. São Paulo, Ed. RT.

OLIVEIRA, Arthur Vasco Itabaiana de. *Tratado de Direito das Sucessões*. 4ª ed. revista e atualizada. São Paulo, Max Limonad, 1952.

OLIVEIRA, Euclides. *Direito de Herança: a Nova Ordem da Sucessão*. São Paulo, Saraiva, 2005.

PEREIRA, Caio Mário da Silva. *Instituições de Direito Civil*, vol. VI: *Direito das Sucessões*. 15ª ed. revista e atualizada de acordo com o Código Civil de 2002. Rio de Janeiro, Forense, 2005.

PONTES DE MIRANDA, Francisco Cavalcanti. *Tratado de Direito Privado*, vol. 55.

RODRIGUES, Silvio. *Direito Civil*, vol. 7, *Direito das Sucessões*. Ed. atualizada por Zeno Veloso; de acordo com o novo Código Civil (Lei 10.406/2002). São Paulo, Saraiva.

SANTOS, Carlos Maximiliano Pereira dos. *Direito das Sucessões*. Rio de Janeiro, Freitas Bastos.

VENOSA, Silvio de Salvo. *Direito Civil: Direito das Sucessões*. 3ª ed., atualizada de acordo com o Novo Código Civil. São Paulo, Atlas, 2003.

ZANNONNI, Eduardo A. *Manual de Derecho de las Sucesiones*. 4ª ed. atualizada e ampliada. Buenos Aires, Astrea, 2003.

* * *